[redacted]

Ulrike Guérot

Begräbnis der Aufklärung?

Wiener Vorlesungen

Band 195
Herausgegeben für Stadt Wien Kultur
von Daniel Löcker

Vortrag im RadioKulturhaus
am 14. Oktober 2019

Ulrike Guérot

Begräbnis der Aufklärung?

Zur Umcodierung von Demokratie und Freiheit im Zeitalter der digitalen Nicht-Nachhaltigkeit

Picus Verlag Wien

MIX
Papier aus verantwortungsvollen Quellen
FSC® C012536

Gedruckt nach der Richtlinie des
Österreichischen Umweltzeichens
„Druckerzeugnisse",
Christian Theiss GmbH, Nr. 869

Grafische Gestaltung: Dorothea Löcker, Wien
Druck und Verarbeitung:
Christian Theiss GmbH, St. Stefan im Lavanttal
ISBN 978-3-7117-3015-2

Informationen zu den Wiener Vorlesungen unter
www.wienervorlesungen.at

Informationen über das aktuelle Programm
des Picus Verlags und Veranstaltungen unter
www.picus.at

Die Wiener Vorlesungen

Vor mehr als dreißig Jahren wurde ein ebenso unverwechselbares wie hochkarätiges Wissenschaftsformat ins Leben gerufen: die Wiener Vorlesungen. Fächerübergreifend setzen sie sich mit den großen wissenschaftlichen und intellektuellen Fragen unserer Zeit auseinander und bereichern so den Kulturkalender der Stadt Wien um einen wichtigen Erkenntnisraum.

Als Forschungsstandort und Universitätsstadt hat Wien eine Spitzenposition im mitteleuropäischen Raum inne und sieht es auch in ihrer Verantwortung, Impulsgeberin für aktuelle und zukunftsrelevante Fragestellungen zu sein. Die gesellschaftspolitische Relevanz von Wissenschaft steht dabei außer Frage: Bildung und Wissen sind wesentliche Grundlagen für ein selbstbestimmtes Leben und für eine funktionierende demokratische Zivilgesellschaft. Als ein sich ständig weiterentwickelndes Projekt der Aufklärung waren und sind die Wiener Vorlesungen »geistiger Initialzünder« für einen offenen und öffentlichen Diskurs, der nicht nur innerhalb wissenschaftlicher Zirkel geführt wird, sondern ein breites Publikum als Beitrag für eine offene Gesellschaft erreicht.

Auch nach drei Jahrzehnten geben die Wiener Vorlesungen Anstöße für Kontroversen und behandeln jene Themen, die für die Stadt und ihre Bewohnerinnen und Bewohner besonders relevant sind. Ein an Fakten und Informationen übersättigter Raum, die oft rasche Folge wissenschaftlicher Erkenntnisse und die mitunter damit einhergehenden Problematiken verlangen einen stärkeren öffentlichen Diskurs über die Voraussetzungen und Folgen von Forschung. Hier bietet das lebendige und innovative Veranstaltungsformat der Wiener Vorlesungen ein Navigationssystem und fungiert als »Informationskatalysator« für neue Erkenntnisse aus zeitgenössischen Forschungswerkstätten und Labors. Es kann dazu beitragen, Dimensionen abzuschätzen, Fragen zu bewerten und Entscheidungen zu treffen. Und vielleicht auch zum richtigen Handeln in unübersichtlichen Zeiten zu kommen.

Die Wiener Vorlesungen werden künftig insbesondere Wissenschaftlerinnen noch stärker einbeziehen. Der weiblichen Stimme der Forschung Gehör zu verschaffen, ist bedauerlicherweise nach wie vor keine Selbstverständlichkeit. Wir arbeiten daran, auch in diesem Bereich Vorurteile abzubauen.

Die Schauplätze der Wiener Vorlesungen sind vielfältig wie das Programm selbst: Sie verwandeln das Rathaus in eine temporäre offene Stadtuniversität ebenso wie sie eine Vielzahl anderer Orte in vielen Bezirken der Stadt zu Stätten der Bildung und des aktiven Austauschs transformieren.

Im Fokus der Wiener Vorlesungen steht mehr denn je die Kommunikation mit einem offenen und neugierigen Publikum. Es werden daher prominente Denkerinnen und Denker im Sinne einer zeitgemäßen Wissenschaftsvermittlung eingeladen, ihre Erkenntnisse und Einsichten mit der Bevölkerung zu teilen und einen offenen Dialog zu führen. Dazu ist kein Studium nötig, das ideale Publikum hat kein Alter, keine Titel, aber eine große Wachheit und eine unbändige Neugier auf das Neue, das Unbekannte und brennende gesellschaftliche Fragen.

So bieten die Wiener Vorlesungen einen faszinierenden Einblick in die Werkstatt der Wissenschaft, der die Vielfalt des Gesellschafts- und Geisteslebens unserer Zeit widerspiegelt und den Blick für die Differenziertheit und Diversität der Gegenwart schärft.

Veronica Kaup-Hasler
Stadträtin für Kultur und Wissenschaft

»Die Freiheit des Volkes liegt in seinem privaten Leben; niemand soll es stören. Möge der Staat nur die Gewalt sein, welche diesen Zustand der Einfalt gegen die Gewalt selbst beschützt.«

Louis-Antoine de Saint-Just,
französischer Politiker zur Zeit der
Französischen Revolution

Begräbnis der Aufklärung? Zur Umcodierung von Demokratie und Freiheit im Zeitalter der digitalen Nicht-Nachhaltigkeit

Einleitung

»Wir können, so befürchte ich, allenfalls darauf hoffen, dass die Freiheit in einem politischen Sinne nicht wieder für Gott weiß wie viele Jahrhunderte von dieser Erde verschwindet.«
HANNAH ARENDT

Aufklärung! Welche schönere, anspruchsvollere Ideologie hätte die Menschheit je hervorgebracht als jenes kollektive Streben nach Vernunft, das Heraustreten des Menschen aus seiner selbst verschuldeten Unmündigkeit, das Ablegen des Ballasts kirchlicher Dogmen, die Durchbrechung engstirnigen Denkens durch den Ruf der Freiheit und den Zugang zu Wissen sowie schließlich jenes – zumindest in Europa – parallele Versprechen auf Demokratie und Sozialismus: »Alle Menschen sind geboren frei und gleich in ihren Rechten«, so heißt der erste Satz der Erklärung der Menschenrechte von 1789, die auf den revolutionären Schlachtruf *Liberté, Égalité, Fraternité* folgte, der indes mit der Guillotine endete. Noch heute, unter Bedingungen der »globalen Moderne« (Cornelia Koppetsch), mutet dieser Satz – obgleich knisternd aktuell – fast wie eine beschwipste Laune an.

Seit nunmehr knapp 230 Jahren gehören in Europa Texte über die Aufklärung zu den Juwelen ideengeschichtlicher Literatur, angefangen mit Kants erstem Aufschlag *Was ist Aufklärung*? von 1784, über den emanzipatorischen Rousseau und den skeptischen Hegel bis hin zu Horkheimers und Adornos *Dialektik der Aufklärung*, geschrieben aus einer Position der absoluten Fassungslosigkeit heraus, dass eben jene Aufklärung das zivilisatorische Versprechen, mit dem sie angetreten war, ausgerechnet im beginnenden 20. Jahrhundert verraten hat. »Ich bin ganz sicher, dass diese ganze totalitäre Katastrophe nicht eingetreten wäre, wenn die Leute noch an Gott oder vielmehr an die Hölle geglaubt hätten, das heißt, wenn es noch letzte Prinzipien gegeben hätte. Es gab aber keine. (...) Man konnte niemanden anrufen«, sollte Hannah Arendt später darüber schreiben.[1] Dass die große politische Denkerin und Idealistin hier letzte metaphysische Prinzipien postuliert, muss an dieser Stelle irritieren. Da ist Hannah Arendt für eine Sekunde weder liberal noch aufklärerisch. Es würde ja

1 Hannah Arendt, Briefwechsel mit Hans Jonas, zitiert nach Eva von Redecker, Gravitation zum Guten. Hannah Arendts Moralphilosophie, Berlin: Lukas Verlag, 2013, S. 51.

darauf ankommen, innerweltliche Sicherheiten zu fordern, die nach dem Verlust des großen Glaubens eine politische Glaubwürdigkeit schaffen, die auf Verständigung, Vertrauen und praktischer Kooperation beruht. Die frühmoderne Aufklärung hatte den mittelalterlichen Kosmos vom christlich-scholastischen Kopf auf neuzeitliche Füße gestellt. Doch jeden Glaubens beraubt, hatte stattdessen eine absolute, ankerlose Unvernunft in ein menschliches Verderben von bis dato ungekanntem (und ungeahntem) Ausmaß geführt.

Ein Vierteljahrhundert nach Adorno schließlich, gegen Ende der siebziger Jahre, verfasste Michel Foucault seinen Text *Was ist Aufklärung?* und verweist in seiner Interpretation das Kant'sche *aude sapere*, jenes Recht, ja, die Pflicht, seinen Verstand zu gebrauchen, überraschenderweise in das Reich des *Gehorsams*, nicht in das der *Freiheit,* genauer: Foucault verweist auf den Unterschied zwischen privatem und öffentlichem Gebrauch der Vernunft. Aufklärung ist daher nicht bloß der Prozess, in dem die Individuen ihre persönliche Meinungsfreiheit garantiert sehen. Aufklärung gibt es dort, wo sich der universale, der individuell-freie und der öffentliche Gebrauch der Vernunft überlagern. Und dies ist letztlich nur der Fall, wenn mündige Bürger freiwillig in die Pflicht des Dienstes am Gemeinwohl einwilligen, zumindest aber in die Begrenzung ihrer Freiheit durch die *volonté générale*. Das Einzigartige an Kants Text ist laut Foucault der Bezug auf das damalige, das Kant'sche »Heute«, jenen Wendepunkt in der Geschichte, der den Horizont der Moderne eröffnete und *ab* dem die Aufklärung nicht zum *Zustand*, sondern zur menschlichen *Aufgabe* wurde.

1997 hat Helmut Reinalter an dieser Stelle im Rahmen der Wiener Vorlesungen die Frage gestellt, ob die *Aufklärung noch ein tragfähiges Prinzip* ist.[2] Wahrscheinlich war es der letzte Moment, in dem diese Frage noch so – aus heutiger Perspektive naiv – vorgetragen werden konnte. Denn was kommen wird, liegt inzwischen offen auf dem Tisch. Das libertär-liberale Konzept von Freiheit als Ungebundenheit und Selbstbestimmung ist am Ende. Und das (globale) Gemeinwohl ist eine Chimäre. Die neue narzisstische Kränkung, die sich aus dieser Erkenntnis ergibt, wird nicht leicht zu verdauen sein. Der Mensch als Herr der Schöpfung hat versagt.

Konnte Foucault in Kants damaligem »Heute« von 1784 – ab jetzt Aufklärung! – den Umriss einer Haltung der Moderne erkennen, so ist diese Moderne, die aus Untertanen Bürger machte und perspektivisch eine freie Zukunft für alle verkündete, endgültig vorbei. Ebenso wie inzwischen auch die Postmoderne, die die unerschöpfliche Gegenwart des Einzelnen anpries. Inzwischen leben wir, wie es die katalanische Philo-

2 Helmut Reinalter, Ist die Aufklärung noch ein tragfähiges Prinzip? Wien: Picus, 1997.

sophin Marina Garcés in ihrem Aufruf zu einer *neuen radikalen Aufklärung* formuliert, in der »posthumen Kondition«. Unter den apokalyptischen Bedingungen des Klimawandels, die der Weltklimareport 2019 auf stolzen 1200 Seiten auflistet, (über)lebt die globale Bevölkerung auf einmal – jeder gegen jeden – in einer offenbar endlichen Zeit. Und zum anderen in einer immer *smarteren* Welt, die die Infantilisierung ihrer Bewohner immer weiter vorantreibt.

Das heutige »Heute« ist anti-aufklärerisch, insofern es nur nach technologischen Lösungen verlangt und überhaupt keinen aufklärerischen, eben der Vernunft inhärenten Anspruch formuliert, uns als Personen oder als Gesellschaft besser zu machen. Zumindest war das der idealistische Anspruch, angefangen mit Kants mündigem Bürger (Gewissen statt Gott) über Rousseaus *Émile* bis hin zu Pestalozzis aufgeklärter (oder idealistischer?) Pädagogik. Lange Jahrzehnte war der *bessere* Mensch ein post-revolutionäres, gesellschaftliches Großexperiment, das allerdings im erst erträumten,[3] dann im real existierenden Sozialismus auf die schiefe Bahn geriet und konsequenterweise von der konkurrierenden Idee, dem

3 Axel Honneth erinnert in seinem Buch *Die Idee des Sozialismus. Versuch einer Aktualisierung* daran, dass auch der Sozialismus eine der – später dann verschüttgegangenen – Ideen der Französischen Revolution gewesen ist und fordert für das 20. Jahrhundert das Nachdenken über eine neue Verknüpfung von Demokratie und Sozialismus.

ganz und gar nicht idealistischen Kapitalismus, schließlich beherzt beiseitegeschoben wurde.

Eine normativ positive Besetzung von Verzicht – gar Verzicht zugunsten des Gemeinwohls –, einst eine Primärtugend, oder sogar Verbote scheinen seither unmöglich. Das Verbot scheitert tagesaktuell im politischen Prozess schon an der Plastiktüte. Der moderne Verbraucher pflege vor allem im Bereich von Textilien und Medienutensilien den »Spontankauf«, *da müsse die Plastiktüte schon mal drin sein*, ließ der Präsident eines Wirtschaftsverbands an dem Tag im Radio verlauten, an dem das deutsche Umweltministerium sich an einem Verbot der Plastiktüte versuchte. Der Mensch in der »posthumen Kondition« ist im beginnenden dritten Jahrtausend nicht fähig, auf eine Plastiktüte zu verzichten, und soll dazu auch nicht gezwungen werden müssen, denn es könnte ihn überfordern. Vernünftig ist das nicht. Idealistisch auch nicht.

Die stupende normative Behäbigkeit des real existierenden Kapitalismus, irgendeinen Gesellschaftsentwurf außerhalb sich selbst auch nur für möglich zu halten, die fast schon systemische Unterdrückung der politischen Diskussion über Alternativen sowie die subtilen, tiefenpsychologischen und kommunikativen Methoden seines institutionalisierten Selbsterhalts, zumal unter digitaler kybernetischer Steuerung, erinnern darum an jenen Slavoj Žižek zugeschriebenen Satz: »Es ist leichter, sich das Ende der Welt vorzustellen als das Ende des Kapitalismus.« Hatte die Aufklärung aus Untertanen Bürger gemacht, so gibt es in der »posthumen Kondition« keine Bürger mehr, nur noch Konsumenten oder Zuschauer, die mit distanzierter Haltung auf die globalen Ereignisse schauen, als wären sie selber nicht davon betroffen oder könnten sich jederzeit auf einen Planeten B retten, weswegen sie ihr eigenes Tun auch zunehmend in die virtuelle Welt verlagern. Es ist, als würde man die Klimakatastrophe – wie inzwischen fast alles – nur noch durch die Linse eines iPhones wahrnehmen, das an einem Selfie-Stab befestigt ist: Hauptsache, man ist dabei gewesen und hat das dokumentiert.

Gegenwärtig verhandelt die Zeitgenossenschaft die Frage, ob sich die monströse, unendlich formbare Entität des Kapitalismus, die fähig ist, alles zu absorbieren, auch die *Fridays-for-Future*-Bewegung einverleibt, indem vor allem das historische Subjekt der Greta Thunberg zunehmend aufgrund ihrer vermeintlichen Emotionalität verspottet wird, als gehörte es zur bürgerlichen Pflicht, der klimatologischen Apokalypse mit Gelassenheit zu begegnen. Auffällig ist lediglich, dass der Vorwurf der weiblichen Hysterie, dem sich die (vernünftige) Forderung nach Frauenwahlrecht vor rund hundert Jahren noch ausgesetzt sah, von den meist männlichen Kritikern Greta Thunbergs bisher ausgeblieben ist. Indes wird ihr, die sie auf wissenschaftliche Zahlen und Studien rekurriert, öffentlich *Irrsinn* vorgeworfen, und das in einer Zeit, in der seit Langem kein Bereich der Politik mehr ohne eine »evidenzbasierte« Studie als Entscheidungsgrundlage auskommt, da souveräne politische Entscheidungen längst pathologisiert worden sind. Problematisch wird es heute also in der Politik, wenn die »Evidenzen« nicht passen beziehungsweise mit dem eigenen Wollen nicht kongruent sind. Das *Trotzdem* ist das eigentlich politische Element.

Diese institutionell flankierte, politische Unvernunft ist zum zentralen Element der *postdemokratischen Wende* beziehungsweise zum Kern der *simulativen Demokratie*[4] geworden. Wo die Demokratie nicht in der Lage scheint, langfristigen Nutzen für alle (das Gemeinwohl) gegen kurzfristige Kosten (den Verzicht oder gar das Verbot von Plastiktüten, geschweige denn von SUVs, Fleisch oder Flugreisen) zu verhandeln, und schon gar nicht in globalem Maßstab, gibt es nur noch die eine Zeit, ein Jetzt ohne Zukunft, in der die vielen möglichst alles wollen und niemand auf Privilegien verzichten möchte. Die Demokratie in fortgeschrittenen Konsumgesellschaften ist nicht mehr dazu da, dies zu ändern, sondern diesen Zustand zu verschleiern. Sie verändert

4 Ingolfur Blühdorn, Simulative Demokratie. Neue Politik nach der postdemokratischen Wende, Berlin: edition suhrkamp, 2013.

darum derzeit ihre Form wie ein Chamäleon seine Farbe, und je mehr eine verschreckte Zivilgesellschaft den demokratischen Prozess einfordert, desto mehr erliegt sie wohl selbst einer postfaktischen Täuschung mit Blick auf ihren eigenen Sehnsuchtsort, die Demokratie.

Im Zuge dieses anti-aufklärerischen Krieges ist inzwischen die radikalere Frage der »posthumen Kondition«, die sich derzeit in der Literatur, der Kunst oder auch dem politischen Aktionismus *(Extinction Rebellion)* ihren Weg bahnt, jene, wie lange wir an der Demokratie als Mechanismus zur Regulierung von Gesellschaft festhalten wollen. Anders formuliert, die Frage, ob es gar *vernünftig* sein könnte, das Projekt der Aufklärung als *Projekt der Vernunft* mit anderen als demokratischen Mitteln der Mehrheitsfindung fortzusetzen und welche das sein könnten? Doch ist auch diese Frage letztlich schon obsolet, noch bevor sie gestellt wird, da es spätestens seit Mitte des letzten Jahrhunderts absolut unvernünftig ist, die Aufklärung noch als einen absoluten Zweck zu postulieren; und seit der zweiten Hälfte ebenjenes Jahrhunderts ist es ebenso unvernünftig, noch davon auszugehen, dass es so etwas wie eine Gesellschaft gibt: »There is no such thing as society«, rief Margret Thatcher schon Mitte der achtziger Jahre.

Dennoch: Der wahre Geist des Gesellschaftsvertrags von Rousseau, eines der schönsten, stärksten und luzidesten Bücher im Vorfeld der Französischen Revolution (1762), besteht nicht in dem Gedanken, dass eine

Sache gerecht ist, weil das Volk sie will, sondern darin, dass der Wille des Volkes unter gewissen Bedingungen eher der Gerechtigkeit entsprechen dürfte als jeder andere (individuelle) Wille. »Das Kriterium des Guten ist die Wahrheit, die Gerechtigkeit, an zweiter Stelle der Gemeinnutzen«,[5] schrieb die junge französische Philosophin Simone Weil in einer kleinen Schrift 1943, in der sie die generelle Abschaffung der politischen Parteien forderte, da diese immer nur durch die eigene Meinung gefilterte Perspektiven einnehmen und deswegen im politischen Prozess nie wirklich für das Gute und Wahre einstehen können. Die Wahrheits- und Gerechtigkeitsfindung im Rousseau'schen Sinne des Gesellschaftsvertrags braucht aber einen gesellschaftlichen Mechanismus. »Wenn die Demokratie ein solcher Mechanismus ist, dann ist sie gut. Sonst nicht«[6], schreibt Weil in verblüffender Einfachheit, ohne sich, wie die politische Theorie heute, Gedanken darüber zu machen, dass man sich mit einer solchen Feststellung mit denjenigen, notabene den Populisten, gemeinmacht, die sich die Abschaffung der (liberalen) Demokratie zum Ziel gesetzt haben. »Die Demokratie, die Macht der größeren Zahl, sind keine Güter. Sie sind Mittel zum Guten, die zu Recht oder zu Unrecht für wirksam gehalten

5 Simone Weil, Anmerkung zur generellen Abschaffung der politischen Parteien, Zürich: Diaphanes, 2009 S. 8.

6 Ibid., S. 10.

werden«[7], heißt es bei Weil, die indes definitiv keine Populistin im heutigen Sinn war, ganz im Gegenteil. Mit solcher Schlichtheit kann man das heute nicht mehr schreiben. Was aber dann?

Was also können Aufklärung und Demokratie heute unter Bedingungen der »posthumen Kondition« überhaupt noch sein? Brauchen wir einen neuen Begriff von Freiheit? Müssen wir uns perspektivisch gar zwischen »totalitärer Aufklärung« und »demokratischer Apokalypse« entscheiden? Und was wäre eigentlich die schlimmere Dystopie in Zeiten, in denen die aufgeklärte Utopie normativ verloren ist: die Bewahrung des Planeten Erde und seiner natürlichen Lebensgrundlagen ohne Demokratie und individuelle Freiheit; oder individuelle Freiheit und Demokratie ohne natürliche Lebensgrundlagen? Noch anders formuliert: Könnte es gar ein würdevolles Leben ohne einen liberalen Freiheitsbegriff im heutigen Sinn geben? Darum soll es in den folgenden Gedankentupfern gehen, die rein experimentellen Charakter haben.

7 Ibid., S. 8.

I. Aufklärung versus Apokalypse

»Die Botschaft hör ich wohl, allein,
mir fehlt der Glaube.«
JOHANN WOLFGANG VON GOETHE

Niemand hat die Absicht, die Freiheit abzuschaffen. Diesen Satz, formuliert in Anlehnung an Walter Ulbrichts Äußerungen von 1961 zu einem geplanten Mauerbau, würden heute wohl alle Staats- und Regierungschefs der Welt einschließlich Xi Jinping unterschreiben. Und doch ist die Abschaffung der Freiheit genau das, was derzeit passiert, und jeder kann es fühlen. Die Kunst hat das schon lange auf dem Schirm und hat sich redlich Mühe gegeben, diesen Sachverhalt dramatisch zu inszenieren. In *Children of Men*, schon von 2006 (!), lässt uns Alfonso Cuarón dabei zuschauen, wie eine Gesellschaft, die keine Zukunft mehr hat, verwahrlost und zerfällt. Der Plot des Films ist, dass seit achtzehn Jahren kein Kind auf der Erde mehr geboren wurde. Griffiger lässt sich Zukunftslosigkeit wohl nicht fassen. Die Geburt *als solches*, die Krippe, das Kind sind nicht nur die Essenz des christlichen Glaubens. Hannah Arendts Vorstellung der Gebürtigkeit und des immer möglichen Neuanfangs der Menschheit beruhte auf der Überzeugung, dass die Geburt die Ankunft einer neuen Generation preist, die die Welt im Sinne einer Revolution stets für einen Neuanfang – *Novus ordo saeculorum* – öffnen kann, sodass mit jeder neuen Generation die Hoffnung auf ein »Wunder« in die Welt kommt.[8] Hannah Arendt geht es dabei in ihrer Analyse der vierten Ekloge von Vergil nicht im absoluten oder auch utopischen Sinn um die Begründung eines »Neuen Roms«, sondern um die grundsätzliche Fähigkeit des Menschen, Rom stets »aufs Neue zu begründen«. Aber ohne Kinder geht nicht einmal mehr das.

Cuaróns Film erlebt derzeit eine Art Update mit der britischen Serie *Years and Years* von 2019. Darin wird den Briten sehr anschaulich gezeigt, wie der Brexit mit der Zeit notwendigerweise in einen britischen Totalitarismus führt. Im Gegensatz zu den dreißiger Jahren, wo man den Totalitarismus ahnen konnte (und viele ihn geahnt haben), kann man, knapp hundert Jahre später, fast live dabei zuschauen, wie sich die älteste liberale Demokratie der Welt selbst abschafft und dabei sogar noch Popcorn essen. In fünfzig Jahren wird niemand mehr fragen können: *Wie konnte das passieren?* Und schon gar niemand wird behaupten können, *er habe es nicht gewusst*. Denn Selbiges wird heute schon gefragt. Alle haben es miterlebt, niemand hat es verstanden. Nach wie vor – das ist der Nährboden von Verschwörungstheorien – wird weithin angenommen, dass es ein Zentrum gibt, von dem aus die (r)evolutionär

8 Hannah Arendt, Die Freiheit, frei zu sein, München: dtv, 2018, S. 36–38.

beziehungsweise gegenrevolutionär wirkenden Kräfte reguliert und gesteuert werden (können). Dafür spricht aber immer weniger.

Nicht nur die Kunst hat die Apokalypse darum längst zur Realität gemacht, auch die Wissenschaft. War die Apokalypse einst noch eine Höllenvorstellung, deren entsetzte Gesichter vor allem Goya in düsteren Kohlezeichnungen zu Papier gebracht hat, so ist sie heute, »evidenzbasiert«, zusammengefasst auf 1200 Seiten im gerade erschienen Weltklimabericht 2019 der Vereinten Nationen. Ob die Polkappen nun in fünf oder erst in acht Jahren schmelzen, oder ob der Spielraum vielleicht doch noch ein bisschen größer ist, tut wenig zur Sache. Klar ist inzwischen, dass das globale System einschließlich der liberalen Demokratie für sieben Milliarden Menschen auf der Erde nicht nachhaltig ist. Damit ist das Ende der liberalen Demokratie, wie wir sie kennen, faktisch bereits eingeläutet.

Neu an diesem Sachverhalt, also die Essenz des heutigen »Heute« im Foucault'schen Sinn, das dazu führt, dass ab jetzt die »posthume Kondition« die Postmoderne ablöst, ist nicht nur, dass die Apokalypse keine böse, meist religiös motivierte Ahnung vom Ende der Welt mehr ist, sondern inzwischen quasi Faktum, was schon etymologisch eine Contradictio in Adjecto ist, entspringt doch der Begriff Apokalypse gerade dem nicht wissenschaftlichen Bereich.

Erstaunlich an diesem Sachverhalt ist, dass die »evidenzbasierte« Apokalypse die Menschheit ausgerechnet in einem Moment ihrer historischen Kontingenz ereilt, in der sie seit nunmehr rund 230 Jahren das Erbe der Aufklärung und den Sieg der Vernunft und des Wissens feiern durfte. Nur um heute zu verstehen, dass alles Wissen nicht hilft. Wir haben alle alles gewusst und es ist trotzdem passiert: *Losing Earth: The Decade We Almost Stopped Climate Change*, titelte die New York Times am 1. August 2018, als das noch der Welterschöpfungstag war. 2019 war es schon der 29. Juni. Die Sequenzen werden immer schneller immer kürzer, wobei für die meisten europäischen Staaten der Weltressourcentag jeweils schon im Februar oder März liegt. 1972, als der Club of Rome seinen Bericht vorlegte, hätten wir die Welt retten können. Heute wahrscheinlich nicht mehr. Oder nicht mit allen Menschen. Der sogenannte Rebound-Effekt, nämlich dass alle Anstrengungen beim Klimawandel gleichsam umgehend durch das immer noch rasante Bevölkerungswachstum neutralisiert werden, ist der heimliche Seufzer von UN-Mitarbeitern.

Die Ohnmacht, das offenbar Drohende abzuwenden, liegt – nebst potenziellen, technologischen Lösungen, die wir noch nicht greifen können oder seit Jahrzehnten bewusst unterbinden, wie etwa den Wasserstoffmotor – in den Funktionsmechanismen der Demokratie: Wer möchte, wer kann heute in globalem Rahmen und das noch möglichst schnell entscheiden, was jetzt zu tun ist? Oder etwas verbieten? Und mit welcher Legitimität? Die Demokratie, die Geburtsstunde des Bürgers, der möglichst souverän und frei über sein politisches Schicksal befindet, weil er eben vernünftig ist, ist die Essenz der Aufklärung. Aber genau dieser Primat der Vernunft hat offensichtlich dabei versagt, die Apokalypse abzuwenden. Das ist das Paradoxon der globalen Zeitgenossenschaft und mit ihm geht, zumindest theoretisch, die Frage einher, ob Aufklärung und Demokratie unter diesen Bedingungen überhaupt noch zu verteidigen sind. Hinzu kommt, dass es gleichsam häretisch ist, diese Frage überhaupt zu stellen, denn es ist der Verrat an der liberalen Demokratie. Doch da Aufklärung und Demokratie – vernunftmäßig – bisher nicht Wirklichkeit geworden sind, wird es schwieriger, sie zu verteidigen. Sie fungieren allenfalls als das, was Ernst Bloch den (utopischen) Vorschein genannt hat, als eine Art politischer Stern von Bethlehem für postgesellschaftliche Lebensformen, mit denen wir gerade experimentieren.

Aufklärung und Apokalypse sollten einander also eigentlich ausschließen beziehungsweise hätten einander ausschließen müssen. Heute aber scheint die Dialektik der Aufklärung genau umgekehrt darin zu bestehen, das vernunftbegabte Handeln, das die Aufklärung und ihre materialisierte Lebensform, die Demokratie, hätte hervorbringen sollen, zur Erosion zu bringen und letztlich unter Bedingungen demokratischer Mehrheitsentscheidungen unmöglich zu machen. Angesichts des vorliegenden Weltklimaberichts wäre es zum Beispiel durchaus vernünftig, etwa im Europäischen Parlament zu beschließen, dass ab sofort in Europa keine SUVs mehr hergestellt und keine mehr exportiert werden, dass die europäische Nahrungsversorgung bis auf Weiteres auf einen vegetarischen Lebensstil umgestellt und ein innereuropäisches Flugverbot eingeführt wird – und sei es temporär, um Zeit zum Nachdenken zu gewinnen. Die Automobil-, Fleisch- und Flugindustrie könnten entschädigt werden, etwa in demselben finanziellen Ausmaß, in dem 2008 die Banken gerettet wurden. Niemand würde durch diese drei Verbote als Mensch in seiner Würde ernsthaft verletzt oder in seiner Freiheit rigoros beschnitten. Wahrscheinlich würde die Wirtschaft den staatlichen Eingriff ebenso überleben wie vor Kurzem die prompte Abschaltung einiger Atomkraftwerke nach Fukushima. Auf dem Spiel stehen also weder Freiheit noch Würde als Werte der Aufklärung, allerdings die Bequemlichkeit. Doch so plausibel dieser Vorschlag hier vielleicht klingen mag, so unplausibel ist es, auch nur eine Sekunde anzunehmen, dergleichen könnte heute *demokratisch* in einem Parlament beschlossen werden.

Schon 1967 macht Johannes Agnoli in seinem Buch *Die Transformation der Demokratie* darauf aufmerksam, dass die Liberaldemokratie in ihrer repräsentativen Form eigentlich als eine »konstitutionelle Oligarchie« bezeichnet werden müsste.[9] Heute, beziehungsweise eigentlich schon seit rund zwanzig Jahren, also seit jener Zeit Ende der neunziger Jahre, der auch der Text von Helmut Reinalter über die Tragfähigkeit der Aufklärung entstammt, ist es eigentlich State of the Art der politischen Theorie, davon auszugehen, dass Demokratie, wie einige Autoren noch nicht einmal zynisch analysieren, nichts weiter ist als ein System, das dazu da ist, »die politischen und ökonomischen Interessen der gesellschaftlich tonangebenden Schichten zu befördern«[10] oder aber ein System, »in dem de facto organisierte, reiche oder einfach nur fanatische Minderheiten das Sagen haben, die sich auf Kosten kommender Generationen im Hier und Jetzt besserstellen.«[11]

Die Demokratie wird also nicht in erster Linie von Systemen der Nicht-Demokratie, also etwa islamischen Staaten, *failing states* oder autokratischen Regimen be-

---

9 Johannes Agnoli, Die Transformation der Demokratie und verwandte Schriften, Hamburg: Konkret Literatur Verlag, 2012 (2. Aufl.), S. 208.

10 Sheldon S. Wolin, Tocqueville Between Two Worlds. The Making of a Political and Theoretical Life, Princeton N. J.: Princeton University Press, 2001, zitiert nach Ingolfur Blühdorn, Op. cit., S. 261.

11 Fareed Zakaria, Das Ende der Freiheit? Wieviel Demokratie verträgt der Mensch? München: dtv, 2007, zitiert nach Ingolfur Blühdorn, Op. cit., S. 261.

droht, wie es die amerikanische Nichtregierungsorganisation Freedom House in ihren jährlichen Berichten zu *Freedom In The World* gerne dokumentiert. Sondern die Bedrohung der Demokratie liegt in ihr selbst, nämlich darin, dass sie die geeigneten Methoden zur Umsetzung von Vernunft unter Bedingungen der Freiheit offenbar nicht hervorzubringen vermag. *La démocratie contre elle même*, die Demokratie geht gegen sich selber vor, schrieb der französische Intellektuelle Marcel Gauchet schon 2002.

Dieser Befund – Ingolfur Blühdorn nennt es das »postdemokratische Paradoxon« – kontrastiert mit dem zeitgenössischen Ruf nach immer mehr Demokratie beziehungsweise der Verteidigung der Demokratie angesichts von Nationalismus und Populismus, mit der Forderung nach immer besseren Methoden der partizipativen oder diskursiven Demokratie und dem lautstarken Ruf der Zivilgesellschaft, gehört zu werden. Wo die Demokratie in Gefahr ist, wird ihre Rettung beschworen.

In der Tat gab es, vielleicht mit Ausnahme der Ostermärsche in den sechziger Jahren oder der Anti-Pershing-Demonstrationen in den achtziger Jahren, in der jüngeren Geschichte wohl selten mehr zivilgesellschaftliches Engagement als heute. Seit nunmehr zwanzig Jahren beherrschen die Zivilgesellschaft und die neuen sozialen Bewegungen sowohl die Straßen als auch die Onlineforen (*We Move*, *Campact*) sowie die politikwissenschaftliche Forschungslandschaft. Sie sind Teil jener beschriebenen Formänderung der Demokratie, angefangen vielleicht mit dem ersten Weltsozialforum in Porto Alegre 2001 über die *Multitude* von Hardt & Negri 2006 bis hin zu *Attac*, *Occupy*, den *Indignacios* oder den *We are the 99%* im New Yorker Zuccottipark zum Zeitpunkt der Bankenkrise und jetzt den *Fridays for Future*, nahezu überall auf der Welt. Da sind die friedlichen Revolutionen auf dem Tahrir-Platz während des Arabischen Frühlings 2010, der Widerstand im türkischen Gezi-Park 2013 oder die Proteste auf dem ukrainischen Maidan 2014 noch nicht einmal mitgezählt. Die Zivilgesellschaft rettet die Welt auf der Straße, während die repräsentativ-parlamentarische Demokratie zunehmend versagt, ist man geneigt zu formulieren.

Dieser eigentlich schöne Befund, der so ganz und gar dem vermeintlich apolitisierten Bürger widerspricht, hat indes zwei Haken. Zum einen sind die sogenannten Populisten und ihre Vorhöfe (Pegida, identitäre Bewegungen …), solange sie nicht bewaffnet sind,[12] auch Zivilgesellschaft, so gerne man sie unzivilisiert nennen möchte.[13] Zum anderen kann die Zivilgesellschaft nichts

12 Das sind sie aber leider zunehmend: Die Waffenverkäufe haben in letzter Zeit vor allem in rechtsradikalen und rechtsextremen Milieus besorgniserregend zugenommen, wussten deutsche Zeitungen jüngst zu berichten.

13 Vgl. zum Begriff der »Unzivilgesellschaft« die Arbeiten des italienischen Politikwissenschaftlers Carlo Ruzza, der indes

entscheiden, denn obgleich sie Mobilisierungs- und mediale Macht hat, hat sie (noch) keine institutionalisierte Macht in der wichtigsten gesellschaftlichen Übereinkunft der ersten Aufklärung, nämlich in der Staatsform. Die Aufklärung beziehungsweise die Revolution von 1789 hat den Souverän zwar entthront, aber nicht abgeschafft. Er verkörpert das Prinzip, dass einer für alle handelt und entscheidet. Wo der König gestürzt wurde, wird der Souverän seither aus der Wahlstimmenmehrheit rekonstruiert und durch Stellvertreter gespielt. Heute gilt: *Das Wahlvolk ist der Souverän*, was unsinnig ist, da das Wahlvolk weder handeln noch entscheiden kann. Die Gesetzgebung funktioniert im einen wie im anderen Fall willkürlich.[14] Der Souverän oder seine

problematisch ist. Gesellschaftliche Gruppen sind a priori nicht deswegen »unzivil«, weil sie normative Setzungen der Mehrheitsgesellschaft nicht mittragen. Vgl. Carlo Ruzza, Identifying Uncivil Society in Europe: Towards a »New Politics of the Enemy«?, in: Ulrike Liebert und Hans Georg Trenz, The New Politics of European Civil Society, London: Routledge, 2011. Siehe dazu auch Cornelia Koppetsch, Die Gesellschaft des Zorns. Rechtspopulismus im globalen Zeitalter, Bielefeld: transcript, 2019 (2. Aufl.), S. 95ff.

14 Das ist im Übrigen genau der Grund, warum auch die liberale Hannah Arendt, das wird gerne übersehen, in letzter Konsequenz für die Räterepublik war, vgl. Wolfgang Heuer, Föderationen – Hannah Arendts politische Grammatik des Gründens, Leinebögen 5, Hannover 2016, S. 17–19, also für Konzepte von Macht ohne Souveränität, denn Souveränität bedeute letztlich Herrschaftsansprüche über andere.

Darsteller folgen einer abstrakten Idee davon, was für die Menschen richtig und falsch sei. Diese Idee wird in konkrete Vorschriften gegossen. Selbstredend kann diese Idee dramatisch verkehrt sein, und schon im Normalfall hinkt sie gesellschaftlichen Veränderungen hinterher. Recht und Politik sind systematisch *out of date* beziehungsweise *out of sync*. Dazu kommt: »Von ganz wenigen Zufällen abgesehen, werden nur Maßnahmen beschlossen und durchgeführt, die dem Gemeinwohl, der Gerechtigkeit und der Wahrheit entgegenstehen«, bemerkt die schon erwähnte Simone Weil.[15] Vor allem Letzteres begründet die augenblicklich empfundene politische Ohnmacht und den Zorn der (»Wut-«)Bürger, und zwar auf beiden Seiten des normativen Spektrums: »Es kann doch nicht sein, dass wir den Griechen diese großen Rettungspakete schnüren und all diese Geflüchteten ins Land lassen«, rufen die einen. »Es kann doch nicht sein, dass diese »Nazis« wieder alle diese Dinge sagen dürfen und die Parlamente blockieren«, die anderen. Beide haben recht – und prinzipiell auch das Recht, das jeweils Ihre zu sagen. Die derzeitige Krise der Demokratie ist eine Krise der Repräsentation, die in der institutionellen Stockung (*Stasis*) endet und wie saure Milch im Kaffee klumpt.

Selbst wenn das Wahlvolk demnächst eine neue Form finden sollte, die Zivilgesellschaft auf beiden Seiten

15 Weil, Op. cit., S. 26.

des politischen Spektrums anders zu repräsentieren als in den herkömmlichen Parteien und Parlamenten, und sie ihre Interessen dann besser durchsetzen könnte – Bürgerversammlungen und Losverfahren sind derzeit überall sehr en vogue –, wäre damit trotzdem eines sicher: Die parlamentarisch-repräsentative Demokratie in mehr oder weniger großen Flächenstaaten, wie wir sie in Kontinentaleuropa oder auch im liberaldemokratischen »Westen« bisher kennen, wäre abgeschafft. Und welche neue Vertretungsform für das Große und Ganze sollte dann sein? Für den Zweck einer nationalstaatlichen Vertretung wurden Parteien und Parlamente im Rahmen der repräsentativen Demokratie ja erfunden. Historisch bleibt anzumerken, dass die vielfältigen Anläufe der Autogestion in der Geschichte, von den *Sans-culottes* der Französischen Revolution über die Pariser Kommune bis hin zu den Räterepubliken der russischen Bolschewiki nach mehr oder weniger kurzer Zeit gescheitert sind. Zugegeben, heute gibt es das Internet. Trotzdem: Die partizipative Demokratie funktioniert nur in kleinen, überschaubaren Räumen,[16] nicht im Staat.

16 David van Reybrouck z. B. hat dazu nicht nur seinen Bestseller »Gegen Wahlen« geschrieben, sondern setzt sich für reale, lokalpolitische Experimente in belgischen Städten ein, die auf Bürgerversammlungen beruhen, die durch Losverfahren zustande kommen. Allgemein ist es Trend, über Losverfahren vor allem eine andere soziale Mischung bei Bürgerversammlungen zu befördern, als die klassischen

Anders formuliert: Unter den Bedingungen der Apokalypse, im Zeitalter der »posthumen Kondition«, führen Aufklärung und Demokratie offensichtlich mehr und mehr in einen Bürgerkrieg *(Stasis)*[17] zwischen gesellschaftlichen Gruppen und zugleich in die organisierte Hilflosigkeit oder politische Ohnmacht. Irgendetwas *stimmt nicht mehr mit der Demokratie.*[18] Doch während das Unbehagen wächst, ist ebenso schwer zu benennen, woran es nun eigentlich liegt, geschweige denn, was nun zu tun ist. Alle Begriffe und Elemente, mit denen seit jenem »Heute« der Französischen Revolution das demokratische Projekt verhandelt wurde, stehen gleichsam unter Beschuss: Souveränität, Wahlen, Legitimität,

---

und hochgradig mediokratischen Parlamente sie abbilden. Vor allem Nicht-Akademiker sind in europäischen Parlamenten chronisch unterrepräsentiert, während es bei der aktuellen Diversity-Debatte weitgehend nur um die Repräsentation von Frauen oder Homosexuellen geht. Die Vermutung, dass die politische Lösungsfindung bei einer besseren sozialen Durchmischung eine andere wäre, hat darum nicht nur eine gewisse Berechtigung, sie ist inzwischen empirisch erhärtet. Fraglich ist, ob solche partizipativen Formate auf staatliche Entscheidungen ausgedehnt werden könnten.

17 Vgl. Ninon Grangé, Oublier la guerre civile? Stasis, chronique d'une disparition, Paris: VRIN/EHESS/Collection Contextes, 2015, S. 14ff.

18 Vgl. dazu den aktuellen Diskussionsband: Karina Becker/ Hanna Ketterer, Was stimmt nicht mit der Demokratie? Eine Debatte mit Klaus Dörre, Nancy Fraser, Stephan Lessenich und Hartmut Rosa, Frankfurt am Main: Suhrkamp, 2019, S. 7–18.

Staat, Macht, Regierung, Parlament, Bürger. Diese Begriffe wirken heute wie in Wasser eingeweichte Brötchen, aus denen man Frikadellen machen möchte. Sie haben sich entweder in ihrer originären Begrifflichkeit aufgelöst oder wurden transformiert: Aus Bürgern wurden *Konsumenten*, aus Regierung wurde *Governance*, aus Wahlen wurde *Partizipation*, aus Souveränität wurde *Marktkonformität*, aus Legitimität wurde *Legalität*, aus Parlamenten wurden GroKos, sodass sich *rinks* und *lechts* nicht mehr unterscheiden lassen. Die letzte Stunde der Wahrheit der repräsentativen Demokratie – und mit ihr die letzte Stunde der Aufklärung? – hat geschlagen. Wie Peter Graf Kielmansegg kürzlich in der *FAZ* feststellte,[19] ist die heutige liberaldemokratische Politik nicht apokalypse-tauglich. Aber was kommt dann?

Der zentrale Grund für die »Nicht-Apokalypse-Tauglichkeit« der aufgeklärten, aber unvernünftigen liberalen Demokratie liegt in ihrer Unfähigkeit zum Verbot. Das Verbot ist nämlich – ähnlich dem Tod, dem niemand entkommen kann – einer der letzten Gleichmacher, mithin eine *egalitäre* Komponente. Diese sind für demokratische Gesellschaften beziehungsweise ein politisches Gemeinwesen aber mindestens ebenso wichtig wie die freiheitlichen Komponenten. Nicht umsonst

19 Peter Graf Kielmansegg, Muss die Demokratie durch eine »Ökodiktatur« ersetzt werden?, in: FAZ, S. 6, 16. September 2019.

hieß der Ruf der Französischen Revolution *Liberté, Égalité, Fraternité,* von dem politischen Theoretiker Étienne Balibar jüngst übersetzt beziehungsweise zusammengezogen in den Begriff der *Gleichfreiheit.* Die Revolutionäre haben sich davor gehütet, den Begriff der Freiheit absolut zu setzen. Werden Verzichtsfragen lediglich über Freiwilligkeit oder aber, qua drastisch erhöhter Preise, über den Markt geregelt, ist das insofern undemokratisch, als dass sich dann nur die Reichen Freiheit (Mobilität, Reisen, Fleisch ...) kaufen beziehungsweise sich von gesellschaftlichen Pflichten *freikaufen* können.[20] Vor allem über diesen Marktmechanismus ist dann eine Refeudalisierung liberaldemokratischer Gesellschaften faktisch vorgezeichnet beziehungsweise bereits in vollem Gange.[21] Wer demnächst wem was verbieten darf, wie Verbote legitimiert und wie sie kontrolliert werden, dürften drängende Zeitfragen werden.

Es gehört zu den Charakteristika des Feudalismus, nicht aber der Demokratie, dass Verbote nur für die Masse, nicht aber für die Fürsten gelten. Die neuen Untertanen in der »posthumen Kondition« haben sich an diesen Tatbestand indes längst gewöhnt und sprach-

20 Vgl. dazu das (mutige) »Interview der Woche« im Deutschlandfunk der deutschen Grünen-Vorsitzenden Annalena Baerbock vom 29. September 2019, die inzwischen für eine neue »Ordnungspolitik« inklusive Verbote plädiert.

21 Zahlen dazu bietet Thomas Piketty in seinem neuen Buch: Thomas Piketty, Capital et idéologie, Paris: Seuil, 2019.

lich vorweggenommen: Seit Jahren reden eigentlich freie, erwachsene Bürger, vor allem jüngere, immer mehr davon, dass sie etwas *dürfen*. *Mündig* ist das nicht. Wer sollte etwas erlauben müssen, wenn doch das Recht regiert? Hannah Arendts berühmter Spruch »Niemand hat das Recht zu gehorchen« erhält vor dem Hintergrund der Refeudalisierung der Gesellschaft eine neue Qualität, denn er bezog sich auf *Bürger*, nicht auf *Konsumenten*. Wo Bürger nie blind gehorchen dürfen, müssten als Konsumenten eigentlich *alle* gehorchen. Oder es gibt keine Demokratie.

II. Bürger versus Konsumenten: Wer ist der Souverän?

»Die Eliten sorgen sich um das Ende der Welt, wir um das Ende des Monats.«
Gilets-Jaunes-Aktivistin aus Frankreich

Wir alle tun jeden Tag als Konsumenten, was wir als Bürger nicht wollen können, und zwar weit über den Gebrauch von Plastiktüten hinaus. Die postmoderne Bürger-Konsumenten-Spaltung des Individuums ist perfekt gelungen. Da jeder notwendigerweise beides ist, kann ihr das Individuum in den postmodernen Konsumdemokratien nicht entkommen. Indes hat sich die individuelle Schizophrenie in den letzten Jahren zulasten des bürgerlichen Daseins ausgeweitet, da der Bürger über Vernunft, Rücksichtnahme, Empathie, Autonomie und Verantwortungsbereitschaft angesprochen werden muss, alles Dinge, mit denen sich kein Geld verdienen lässt. Nur am Rande sei im dreißigsten Jahr der deutsch-deutschen Wiedervereinigung die wunderbare Paradoxie erwähnt, dass sich im Realsozialismus der DDR gegen Ende, 1989, eine Bürgerbewegung durchgesetzt und die Demokratie erstritten hat, nur damit diese Bürger, die dann als Konsumenten in der Bundesrepublik endeten, heute gegen die Demokratie ebendieser Bundesrepublik vorgehen und vor allem im Osten populistisch wählen. Die deutsch-deutsche Wiedervereinigung ist ein geradezu prototypisches Beispiel für eine Bürger-Konsumenten-Spaltung: Freiheit oder Bananen?

Bürger sein heißt im Wesentlichen, bereit zu sein, eine permanente Verzichtleistung für die Gesellschaft zu erbringen, um durch die Zugehörigkeit zu derselben einen bürgerlichen Status überhaupt erst zu erhalten. Denn ein einzelnes Individuum kann kein Bürger sein.

Die Fähigkeit zur kollektiven Verzichtleistung aber ist in den letzten Jahren merklich zurückgegangen. Theodore Roosevelt konnte mit Kriegseintritt der USA zum Beispiel veranlassen, von einem Tag auf den anderen die gesamte amerikanische Autoindustrie zu suspendieren, weil die Ressourcen – Arbeitskraft wie Metall – für die Kriegsvorbereitungen gebraucht wurden. Zu Beginn der siebziger Jahre konnte Willy Brandt als Reaktion auf die Ölkrise seinen Bürgern noch einen autofreien Sonntag verordnen. Ebenfalls in den siebziger Jahren war es westlichen Staaten noch möglich, jahrelang wirtschaftliche Sanktionen gegen das Apartheidsregime in Südafrika durchzusetzen, um eben die Aufhebung der Apartheid zu erzwingen. 1980 wurden die Olympischen Spiele in Moskau von allen westlichen Staaten boykottiert, um als westliche Gemeinschaft gegen den kurz zuvor erfolgten Einmarsch russischer Truppen in Afghanistan zu protestieren. Verzicht als Preis für die Freiheit. Es waren Zeiten, jene *Trente Glorieuses*, in denen – so würde man heute vermutlich formulieren – die westlichen Gesellschaften für ihre Werte eingestanden sind und die kollektive Verzichtleistung politisch noch durchgesetzt werden konnte: Anstand vor Geld.

Rund vierzig Jahre später, zum Zeitpunkt der Annexion der Krim im Februar 2014, die in die Zeit der Olympischen Winterspiele in Sotschi fiel, reagierte Wolfgang Ischinger, der Chef der Münchner Sicherheitskonferenz, in einem Interview im Deutschlandfunk auf die Frage des Redakteurs nach der Möglichkeit eines Boykotts mit einem amüsierten Lacher, *da müsse man mal die Sportler oder die Werbeindustrie fragen, ein Boykott sei ausgeschlossen:* Geld vor Anstand. Gleiches galt lange Zeit mit Blick auf Wirtschaftssanktionen, egal ob mit Blick auf den Iran oder Russland: Sanktionen träfen die Falschen, so lautet oft das Argument der westlichen Welt, bevor die Sanktionsthematik in jüngerer Zeit durch den amerikanisch-chinesischen Handelskrieg ausgerechnet von populistischer Seite politisch wieder hochkommt. Gerade mit Blick auf den amerikanisch-chinesischen Handelskrieg, aber etwa auch beim Brexit, wird von liberaldemokratischer Seite gerne argumentiert, dass sich die Populisten dadurch ökonomisch ins eigene Fleisch schnitten. Das sei *irrational*. Übersehen wird dabei, dass ökonomische Irrationalität durchaus ein politisch souveräner Akt sein kann. Das gilt im privaten Bereich zum Beispiel für Scheidungen, die meistens ökonomisch hochgradig irrational sind. Aber eben der Preis für die Freiheit. Auch ein Hungerstreik ist irrational, und wird doch vielfach als Mittel im Freiheitskampf eingesetzt.

Heute sind offenbar nur (?) die sogenannten Populisten bereit (und fähig), einen wirtschaftlichen Preis für ihre politischen Ziele zu bezahlen, koste es, was es wolle – siehe Brexit –, während die liberalen Demokratien den Preis für die Freiheit, also den Preis für politisch souveräne Akte, faktisch kaum noch durchzusetzen vermögen, oder eben nicht bezahlen wollen. Dabei war die Durchsetzung politischer Ziele *gegen* ökonomische Vernunft eigentlich immer das Charakteristikum höchster Staatskunst, zum Beispiel die deutsch-deutsche Wiedervereinigung 1989 mit ihrem wirtschaftlich widersinnigen Währungsumtausch von 1:1. Beleuchtet man die heutige Bürger-Konsumenten-Spaltung in westlichen Gesellschaften mit diesem Scheinwerfer, muss man den sogenannten populistischen Parteien nolens volens konzedieren, dass sie – von den Gelbwesten bis zur Brexit Party – Bürger und Wähler auf ihrer Seite haben, die sich (obwohl sie darunter leiden oder aber schon so viel darunter gelitten haben, dass es ihnen tatsächlich egal ist) gegen wirtschaftliche Imperative wehren, weswegen sich viele dieser Parteien auch »souveränistisch« nennen.

In den letzten vierzig Jahren haben sich also jene weitgehend unsichtbaren Prozesse vollzogen, die heute dazu führen, dass den meisten nicht einmal mehr klar ist, dass Demokratie und Freiheit einen *Preis* haben, den man bereit sein muss zu zahlen – oder die Demokratie erodiert. Die heutige Annahme der Gesellschaft ist, dass Demokratie und Freiheit gleichsam die kostenlose gesellschaftliche Grundausstattung sind, auf deren Basis das eigene mehr oder weniger erfolgreiche individuelle Leben geführt werden kann, und zwar letztlich bar wirklich einschneidender bürgerlicher Verpflichtungen. Nicht einmal zum Wahlakt wird man gezwungen, zur Steuerpflicht zwar angehalten, aber Umgehungen gehören zum Repertoire vor allem der Reichen und selbst klassische staatliche Funktionsbereiche – Schulen, Universitäten, Sicherheitsdienste, Krankenhäuser – sind heute weitgehend entstaatlicht: Nie war es leichter als heute, kein Bürger zu sein, sich nicht impfen zu lassen, keine öffentliche Schule zu besuchen oder den öffentlich-rechtlichen Rundfunk zu meiden, sprich: ein Leben als Individuum zu führen, das den bürgerlichen Anstrich nicht braucht. Das aber entspricht ungefähr dem Credo des aufgeklärten Despotismus, wenn man an den Ausspruch Karls I. von England denkt, der auf dem Schafott gesagt hat: »Die Freiheit des Volkes besteht darin, dass es von Gesetzen regiert wird, die ihm Leben und Eigentum garantieren; sie besteht nicht in der Teilnahme an der Regierung, das geht sie nichts an.«[22] Woraus Hannah Arendt in ihrem Buch über die Freiheit schlussfolgert, dass, wenn das Ziel von Regierung das Wohlergehen des Volkes ist – *le bonheur du peuple* – ebendieses Volk in einer despotischen Regierung vielleicht besser aufgehoben ist als in einer Republik, die eben Bürger und nicht nur Konsumenten verlangt. Und die vom Bürger im Kant'schen Sinn prinzipiell republikanischen Gehorsam – also die Einhaltung von Verboten – verlangen kann. Krude gesagt, garantiert die Republik nicht das Leben, sondern verlangt im Zweifelsfall, dass man für sie stirbt.

Vor diesem Hintergrund mag es als gerechte Entwicklung erscheinen, dass der historische Moment von 1989 entgegen den Vorhersagen von Francis Fukuyama

22 Zitiert nach Hannah Arendt, Die Freiheit, frei zu sein, S. 32.

nicht etwa das Ende der Geschichte mit sich gebracht hat, geschweige denn den endgültigen Sieg des Tandems aus Demokratie und Marktwirtschaft. Sondern entgegen allen Erwartungen hat sich die Marktwirtschaft mit der Autokratie, um nicht zu sagen: dem Totalitarismus gemeingemacht, und zwar in Form des heutigen China, das seine Tentakeln aus Konsum und Überwachung längst bis Europa ausstreckt. Das Problem einer solchen despotischen Regierung liegt heute nicht einmal so sehr darin, dass freiheitsverliebte Bürger diese Regierung abschütteln wollen; sondern dass die Verheißungen dieser despotischen Regierung – *le bonheur du peuple* – für immer weniger Menschen gelten, aber immer mehr den wenigen dabei zusehen und dies nicht hinzunehmen bereit sind. Die (soziale oder territoriale) Grenzziehung des Wohlfahrtskapitalismus[23] (egal ob liberaldemokratischer oder chinesischer Art) ist letztlich Verrat an Aufklärung und Demokratie in ihrer universalen und republikanischen Ausprägung zugleich, weil sie, im europäischen wie im globalen Maßstab, das republikanische *Gleichheitsprinzip* außer Acht gelassen hat und die Würde von zu vielen nicht respektiert.

23 Vgl. Stephan Lessenich, Die Dialektik der Demokratie: Grenzziehungen und Grenzüberschreitungen im Wohlfahrtskapitalismus, in: Was stimmt nicht mit der Demokratie? Op. cit., S. 121-138.

Die liberalen Demokratien leben im Wesentlichen von einer Zivilgesellschaft, die zwar Forderungen erhebt, aber cum grano salis selbst nicht bereit ist, größere Verzichtleistungen für politische Ziele (Klima-, Umwelt- und Tierschutz, Flüchtlingshilfe, sozialen Frieden) zu erbringen. Und die vor allem nicht bereit ist, auf individuelle Freiheit (zum Beispiel auf Mobilität) zu verzichten. Selbst wenn neuere Umfragen darauf hindeuten, dass gewisse Verzichtleistungen gesellschaftlich akzeptabel wären, ist die liberale Demokratie nicht in der Lage, notwendige Verzichtleistungen gesamtgesellschaftlich angemessen zu organisieren, da in zunehmend heterogenen Gesellschaften immer einige gesellschaftliche Gruppen besonders betroffen wären und zum Beispiel unterschiedliche Verbotssysteme (etwa Autos generell in Städten, aber nicht auf dem Land zu verbieten) mit dem Grundsatz der allgemeinen politischen Gleichheit aller Bürger nicht vereinbar wären. Prototypisch stehen dafür die Gelbwesten: Wer verzichtet auf das Auto, wer aufs Fliegen? Und was wiegt schwerer in der Ökobilanz? Steuern zu erheben ist fast ein Klacks dagegen. Jedenfalls kann die parlamentarisch-repräsentative Form der liberalen Demokratie die Arbitrage über die gesellschaftliche Verzichtleistung als reine Mehrheitsentscheidung kaum erbringen. Ebenso wenig kann sie, von wenigen Ausnahmen abgesehen (zum Beispiel Trinkhalme), Verbote durchsetzen (Plastiktüten, SUVs, Billigflieger, zuckerhaltige Getränke, Skifahren, Weihnachtsbeleuchtung), sondern muss immer auf freiwillige Einschränkung rekurrieren, was gemeinhin mit *Komplexität* begründet wird. Freiwilligkeit aber ist ungefähr so wirkungsvoll wie die berühmte Zusatzaufgabe von Mathematiklehrern. Anders formuliert: Die liberale Demokratie lebt im Wesentlichen von Konsumenten, die aber eigentlich der Feind der Demokratie sind, sofern man unter Demokratie den Schutz des Gemeinwohls und nicht nur formale Mehrheitsentscheidungen versteht. Schon macht mit Blick auf *Fridays for Future* das Wort von der »Verbotsdemokratie« oder der »Ökodiktatur«[24] die Runde, doch legendär war bereits das Scheitern der Grünen im Bundestagswahlkampf von 1998 mit der Forderung nach einem Benzinpreis von 5 D-Mark, ebenso legendär wie der *Veggie-Day*-Vorschlag von 2013. Liberale Demokratien sind strukturell bürgerlos. Der Konsument, der den Bürger in sich unterdrückt (»Ein guter Mensch in seinem dunklen Drange, ist sich des rechten Weges wohl bewußt«, lässt Johann Wolfgang von Goethe seinen Faust sagen), reagiert in aller Regel auf Anreize. Und von denen wird man heute in jeder Hinsicht geflutet.

24 Eine Frage, die übrigens 1979 schon von Hans Jonas in seinem Buch »Das Prinzip Verantwortung« aufgeworfen, aber aus gutem Grund nicht zu Ende gedacht bzw. beantwortet wurde.

Konsumenten funktionieren weitgehend über neuronale Reize, ganz egal, ob diese sich auf eine Chipstüte oder auf Bungee-Jumping beziehen, beides mit Blick auf die Gesundheit im weitesten Sinne unvernünftige Dinge beziehungsweise gefährlich. Ob es um den Porsche oder das 5-Euro-T-Shirt geht, es bedient alles die menschliche Gefälligkeit oder die Eitelkeit, kurz: Es führt in Versuchung – weswegen es in vor-aufklärerischen Zeiten einmal so etwas wie die sieben Todsünden gab, die indes heute kaum noch jemand aufzuzählen vermag: Hochmut, Neid, Zorn, Trägheit, Habgier, Völlerei, Wollust. Mehr noch, der Kapitalismus hat die Todsünden ästhetisiert und mithin neutralisiert: kein Kaufrausch ohne Neid, kein Cum-Ex-Skandal ohne Habgier, keine Gourmetküche ohne Völlerei, keine Pornografie ohne Wollust und so weiter. Vor allem aber: keine Vorwürfe mehr von niemandem, denn alle machen mit.

Wo es die politische Aufgabe des Bürgers ist, Reizen aller Art zu widerstehen, wird der Konsument darauf getrimmt, ihnen zu erliegen. In Zeiten, in denen der Algorithmus heute schon weiß, was man morgen anziehen, essen oder lesen will, wird es also immer schwieriger, Bürger zu sein. Zudem wusste schon Goethe zu berichten, dass der Mensch ein Gewohnheitstier ist und dass nichts schlimmer ist, als auf eine lieb gewordene Gewohnheit zu verzichten: »In der Gewohnheit ruht das einzige Behagen des Menschen.«[25] Die Gewohnheit als gesellschaftlich entscheidende, neuronal und nicht vernunftgeprägte Macht aber ist im politischen Diskurs völlig unterbelichtet: Konsumreflexe, sofern sie über geschickte Marketingstrategien herangezüchtet und zur Gewohnheit werden, sind in fortgeschrittenem Alter kaum noch zu korrigieren oder gar zu unterbinden. Die Neurologie weiß, dass es jenseits der 45 Jahre eine maximal fünfzehnprozentige Chance gibt, alte Gewohnheiten zu verändern, es sei denn, man erbringt eine außergewöhnliche Willensleistung: Was Hänschen nicht lernt, lernt Hans nimmermehr, hieß es im Volksmund. Damit aber ist das *Change Potential* einer zumal alternden westlichen Gesellschaft zu ermessen: Es gibt quasi keins. Die Katastrophe ist, dass es weitergeht, weil Gewohnheiten – außer durch abrupten Zwang oder mit Gewalteinwirkung – kaum zu ändern sind, und schon gar nicht für ganze Bevölkerungsgruppen. Das heißt aber im Umkehrschluss, dass die unvernünftigen Gewohnheiten bestehen bleiben dürften, auch wenn sich um die Menschheit herum alle anderen Dinge verändern, vor allem das Klima mit allen Folgen.

Damit liegt die entscheidende Frage dieses kleinen Essays auf dem Tisch: Wer hat eigentlich behauptet, dass Volks-Selbst-Herrschaft – modern bezeichnet

25 Johann Wolfgang von Goethe, Wilhelm Meisters Wanderjahre, 1821, 1. Buch, 4. Kapitel

als Demokratie – ein geeignetes Mittel zur Herstellung (individueller oder kollektiver) Freiheit ist, gar zur Garantie eines würdevollen Lebens, und wer hat es geglaubt? Es würde ja voraussetzen, dass ein Volk weiß, was gut für es ist. Und es hat immer wieder die Erfahrung gemacht, dass es das nicht weiß. Dass die Herrscher das meist auch nicht wissen, besagt ja noch nicht, dass das Volk selbst es besser weiß. Da schon seit Langem »Gott« als Besserwisser ausfällt, bleibt nur die selbstreferenzielle Evolution. An die Stelle von gesellschaftlicher Zweckerreichung ist längst Systemrationalität getreten. Das war schon Niklas Luhmanns Auseinandersetzung mit Max Weber. Dass wir uns auch darüber aufgeklärt haben, hat uns weder frei(er) noch glücklich gemacht. Spätestens seit diesem Moment braucht man über Aufklärung eigentlich nicht mehr zu reden. Jene berühmte vage Antwort von Zhou Enlai auf die Frage von Henry Kissinger 1972 bei seinem Besuch in Peking, wie er das Erbe der Französischen Revolution bewerte, *es sei zu früh, das zu beurteilen*, wäre mithin heute, fünfzig Jahre später, unter der »posthumen Kondition« geklärt: Die Aufklärung und mit ihr die liberale Demokratie haben versagt und die Menschheit in eine vielleicht irreversible Katastrophe geführt. Die Demokratie ist damit vielleicht doch nicht, wie Winston Churchill noch vermuten durfte, die schlechteste aller Staatsformen, abzüglich aller anderen. Die paradigmatische Frage – was kommt nach der unvernünftigen liberalen Demokratie? – liegt jedenfalls mit fortschreitendem 21. Jahrhundert neu, vehement, ja, akut auf dem Tisch der Weltgemeinschaft.

Die Anhäufung von Wissen, Information, Gütern und materiellem Reichtum hat unsere Horizonte verdüstert und die Zufriedenheit aus dem Blickwinkel genommen. Was wirklich fehlt, ist Anpassungszeit an die beschleunigten Veränderungen, die wir eh nicht verhindern können und über die wir uns – *eyes wide shut* – derzeit noch zwangsaufklären, bevor wir wahrscheinlich in der Verdrängung landen müssen, da unerbittlich die Frage nagt: »Wie lange noch werden wir Menschen die Lebensbedingungen aushalten, die wir uns selbst auferlegt haben, ohne daran als Individuum zu zerbrechen oder als Spezies auszusterben?«[26] Unsere Ignoranz ist angefüllt mit Wissen, das weder verarbeitet noch geformt werden kann. Wieder – oder immer noch? – scheitert die Welt an ihrer Unfähigkeit zur Muße. »Das ganze Unglück der Menschen«, wie Blaise Pascal schon im 17. Jahrhundert formulierte, »rührt allein daher, daß sie nicht ruhig in einem Zimmer zu bleiben vermögen.« Zu lernen, dass es auf der Welt nichts zu tun gibt, außer zu leben, ist damit vielleicht der größte menschliche Imperativ.[27] Die augenblick-

26 Marina Garcés, Neue radikale Aufklarung, Wien: Turia & Kant, 2019, S. 28

27 Ausführlich dazu Byung-Chul Han, Duft der Zeit. Ein

lichen Versuche, Meditation über die UNO weltweit als Schulfach zu etablieren, sollten vor diesem Hintergrund nicht belächelt werden. Auch die Schriften von Günther Anders, dem zeitweiligen Ehemann von Hannah Arendt, vor allem sein Essay von der Antiquiertheit der Menschheit,[28] erlangen vor diesem Hintergrund wieder Bedeutung, sprach er doch schon vor knapp hundert Jahren von der programmierten Zerstörung und hatte die Vorahnung, dass sowohl die individuelle als auch die kollektive menschliche Handlung nicht mehr Schritt hält mit der Komplexität, die sie selbst erzeugt. Das Subjekt, als Bewusstsein und Wille, hat die Fähigkeit verloren, das Geschehen auf der Welt zu lenken, und steht damit nicht mehr am Steuer der Geschichte. Seitdem hat die Menschheit ein Verhältnismäßigkeitsproblem: Sie ist in planetarem Maßstab winzig und unbedeutend, hat aber übermäßig viel Macht.[29]

Wenn also der Mensch den Fortschritt stets nur in der Technologie, aber nicht mehr bei sich selber sucht,

---

philosophischer Essay zur Kunst des Verweilens, Bielfeld: transcript, 2009, eine Art Neuauflage von Diogenes berühmtem Zitat: »Geh mir aus der Sonne« unter digitalen Bedingungen.

28 … den Hannah Arendt in dem schönen Schriftwechsel mit ihrem Ex-Mann (Hannah Arendt/Günther Anders, Schreib doch mal »hard facts« über Dich. Briefe 1939 bis 1975, herausgegeben von Kerstin Putz, München: C.H. Beck, 2016.) ausdrücklich lobt.

29 Vgl. Garcés, Op. cit., S. 31.

was dann? Was, wenn der Mensch aufgibt, an *sich* zu arbeiten, zu *denken* und letztlich die Fähigkeit verliert, frei zu *entscheiden*? Vor allem zu entscheiden, etwas *nicht* zu tun?[30] Was, wenn die Arbeit am Menschen und an der Menschlichkeit die einzige Chance ist, der Apokalypse zu entkommen, die künstliche Intelligenz aber genau das nicht gestattet?

III. Hoffnung auf Himmel unter digitalen Bedingungen?

»Glaube nichts, was du nicht selbst erfahren hast.«
Die Lehre des Buddha

In seinem Roman *Maschinen wie ich* beschreibt Ian McEwan in einer Schlüsselszene, wie ein Mann den besten Sex seines Lebens hat, sich dann aber ein Unbehagen einstellt und er sich mit einer Frage quält: »Bist du echt?«, fragt er schließlich seine Partnerin, die eine Android-Frau ist, aber natürlich, um 2050 herum, mit einem Pass und Bürgerrechten ausgestattet.

Was ist *echt* in dreißig Jahren? Die »posthume Kondition« trägt nicht nur die (Klima-)Apokalyp-

30 Das menschliche »Nicht-Tun« als souveränen Akt thematisiert Hartmut Rosa in seinem Buch »Unverfügbarkeit«.

se in sich, sondern auch die Digitalisierung und die Robotik, die beide die anthropologische Konstante in Gefahr bringen. Schon im Film *I, Robot* von 2004 überwältigen die Roboter am Ende die Menschen. Ob die Entwicklung der künstlichen Intelligenz also (im Sinne der Aufklärung) *vernünftig* ist, kann bestritten werden. Bekanntlich ist Vernunft durch das Herz gebrochener Verstand, denn der Verstand allein kann grausam sein. Nur Vernunft kann Gnade vor Recht ergehen oder drei gerade sein lassen. Der Verstand kann es nicht. Aber welches Herz soll die künstliche Intelligenz brechen? Zu den vielen Wundern der Menschheit gehört zum Beispiel die kleine, aber feine Tatsache, dass Menschen eben aus Fleisch und Blut sind, und dass sie sogar jeden Bestandteil von Blut unter dem Mikroskop analysieren, es aber trotzdem nicht herstellen können. Ergo: Wissen hilft nicht, es kann nichts *Echtes* produzieren. Der Algorithmus kann das *Wesen* der Menschlichkeit nicht erfassen. Digitalisierung und Robotik sind damit nicht nur anti-aufklärerisch, sondern führen einen anti-aufklärerischen Krieg gegen die Menschheit, genauer gegen die Menschlichkeit und alles, was sie ausmacht: Schmerz, Fehler, Irren, Ungenauigkeit, Neugierde, Unverhofftes, Einzigartigkeit, Unvollkommenheit, Einsicht, Verzeihen, Demut. Im Übergang von der Epoche der Aufklärung zur »posthumen Kondition« gewinnen darum die vier Fragen von Immanuel Kant eine neue Relevanz: *Was kann ich wissen? Was soll ich tun? Was darf ich hoffen? Was ist der Mensch?*[31]

Die Antwort auf die erste Frage ist leicht: Auf Knopfdruck beziehungsweise mit einem Wisch kann ich *alles* wissen, zumindest alles, was digitalisiert ist. Und das wird bald alles sein. Was ich nicht mehr wissen kann, ist, was *echt* ist. Im digitalen Universum gibt es keine Wahrheit mehr; keine letzte Wahrheit mehr wie *vor* der Aufklärung, keine unmittelbare Wahrheit mehr wie *in* den Zeiten der Aufklärung, in denen um diese Wahrheit politisch gerungen wurde. Wo jeder alles wissen kann, aber niemand mehr eine Wahrheit hat – beziehungsweise seine eigene nicht mehr geltend machen kann –, ist Wissen keine Macht mehr. Letztlich bedeutet dies das Ende der Politik, wie es sich bereits abzeichnet, weil trotz allen Wissens keine Entscheidungen mehr getroffen werden können, die sich immer in letzten Wahrheiten begründen. Die politische Machtfrage liegt nicht in der Akkumulation von Wissen, die lediglich eine Servicefrage der digitalen Registratur und damit kein gesellschaftliches Schlachtfeld mehr ist, sondern in der Fähigkeit, Wahrheitsansprüche durchzusetzen. Gehen diese verloren,

31 Dieses Kapitel ist maßgeblich inspiriert von Florian F. Weyhs Aufsatz für Essay & Diskurs. Florian Felix Weyh, DigiKant oder: Vier Fragen, frisch gestellt, in: Deutschlandfunk-Audiofile, Essay & Diskurs, Neuausstrahlung, 8. September 2019.

verliert die Politik ihr Subjekt: Es geht um nichts mehr. Wissen (ohne vernunftbegabtes Denken) droht ankerlos zu werden. Das wusste schon Martin Heidegger, wenn er sagte: »Die Wissenschaft denkt nicht.«[32] Denn ein datengetriebenes Denken gibt es nicht. Ein datengetriebenes politisches Wollen kann es auch nicht geben. Datengetrieben ist nur das Rechnen. Die Theorie, der das Denken zugrunde liegt, ist eine Vor-Gabe. Sie transzendiert die Positivität des Gegebenen und lässt dieses auch jäh in einem anderen Licht erscheinen. Das ist keine Romantik, sondern die Logik des Denkens, die seit dessen Anfängen gilt. Die uferlos wachsende Daten- und Informationsmasse lenkt die Wissenschaft heute massiv von der Theorie, vom Denken ab.[33] Die digitale Wissensgesellschaft kann darum nur apolitisch und zugleich handlungsunfähig sein, wenn vermeintlich unbegründete und mithin irrationale Entscheidungen pathologisiert werden, weil genau das Irrationale das Menschliche ist. Ihre Forderung nach einer neuen radikalen Aufklärung begründet die katalanische Philosophin Marina Garcés darum mit einer großen, kollektiven Bewegung des *Wir glauben euch nicht,* einem Widerstand gegen das Wissen.[34]

32 Martin Heidegger, Was heißt denken? Tübingen: Niemeyer, 1984.

33 Vgl. Byung-Chul Han, zitiert nach Florian Weyh, Op. cit.

34 Vgl. Garcés, Op. cit., S. 125

Wo der Algorithmus sich aus Daten und mithin der Vergangenheit speist, zementiert er zudem die Geschichte und verweigert der Menschheit, im Kleinen wie im Großen, den Neuanfang: Der Algorithmus ist stereotyp. Fast entschuldigend äußerte ein Manager der Beziehungspattform Parship jüngst in einem Interview, dass der Algorithmus systematisch jüngere Frauen mit älteren Männern zusammenbringe, die besser verdienen als die Frauen. Mit den Daten der Kunden derart gefüttert – die das alle in ihrer Mehrheit so wollen – sei es nunmehr fast unmöglich, das *nicht* so zu wollen: das emanzipatorische (aber vielleicht auch lustvollere?) Projekt des jüngeren Mannes mit der älteren Frau? Das Aufbrechen von Geschlechterrollen? Das ideologische Verfechten von neuen Beziehungsformen? Der nichtverdienende Hausmann mit der berufstätigen Ehefrau, den die Politik mittels Elterngeld befördern wollte? Der Algorithmus killt jedes emanzipatorische Projekt, jede ideengetriebene, politische Ambition. Hehre Ziele der menschlichen Veränderung kann er weder erfassen noch befördern. So zementiert er das allzu Menschliche, nämlich das, was schon immer war. Der Mensch, gefangen in sich selbst, ohne Ideale – gibt es eine schlimmere Hölle ohne Aussicht auf ein Stückchen Himmel? Wie der Mensch ist, kann der Algorithmus aus den ubiquitären Datenspuren auslesen und erfährt damit, wie die Gesellschaft jenseits abstrakter Annahmen wirklich funktioniert. Für den Einzelnen besteht demokratische

Mitwirkung nicht mehr darin, eine beeinflussbare und instabile politische Meinung abzugeben, sondern darin, der Gesellschaft seine Datenspuren zur Verfügung zu stellen. Mit der Auswertung dieser »Trampelpfade im digitalen Universum« (Florian F. Weyh) macht sich Demokratie ehrlich, nämlich zu einem System, in dem Realität auf die Politik einwirkt und nicht – wie jahrhundertelang zuvor – Politik die Realität in die Geiselhaft ideologischer Vorstellungen der jeweils Regierenden nimmt. Nun geht die Macht von Repräsentanten auf Datengeber über. Die gesamte Schicht der politischen Repräsentanten verliert ihre Funktion.[35]

Die zweite Kant'sche Frage, *Was soll ich tun?,* verliert ebenfalls im anti-aufklärerischen Krieg, insofern der Algorithmus jede Arbeit an sich selbst, jede Fähigkeit, auch nur, die Kontrolle zu behalten, allein haptisch unterbietet, ganz zu schweigen von der Entwicklung von Fähigkeiten, die künstlerisch, kreativ oder gar ideologisch oder spirituell motiviert sind. Die »smarte Welt für ihre unheilbar dummen Bewohner« (Marina Garcés) möchte, dass wir, um nur dieses banalste aller dummen Beispiele zu nennen, demnächst nicht mehr auf unseren Geschmacks- oder Geruchssinn vertrauen, wenn es darum geht, einen verschimmelten Joghurt zu bewerten, sondern »intelligenten Verpackungen«, die das Verfallsdatum anzeigen sollen. Ob selbstfahrende

35 Vgl. Weyh, Op. cit.

Autos oder Google-Maps-Ortung: Alles zielt darauf ab, dass Menschen ihre *Fähigkeiten* (etwa vernünftig einzuparken) und obendrein die *Orientierung* verlieren, und dazu ihre *Urteilsfähigkeit* einbüßen. Programmiert werden wir darauf, bald nichts mehr eigenständig zu tun beziehungsweise nichts mehr entscheiden oder auswählen zu müssen: Für alles gibt es eine App, die schon längst weiß, was ich will, die aber nicht bieten kann, wovon wir träumen: Wer Tinder benutzt, bekommt meist Sex, keine Liebe, das ist zwar digital, aber nicht neu. Die neue Form der Ent-Menschlichung liegt indes in der Mensch-Maschine-Beziehung, in den neuen Schnittstellen zwischen organischem und anorganischem Leben. Japanerinnen wollen einigen Studien zufolge inzwischen keinen Sex mehr, weil man dabei zu viel schwitzt und dies zu »schmutzig« sei. Der unkontrollierte Bartwuchs des Homo Faber von Max Frisch war also erst der Anfang. Selbst Tinder ist insofern vorgestrig, wenn der einzige Sex-Computer der Stadt Berlin auf drei Jahre hinaus ausgebucht ist, weil ein weiteres Element der »posthumen Kondition« die *berührungslose Gesellschaft* ist[36]. Verschiedene Computerspiele sind so aufgebaut, dass die Spieler mit Kopfhörer und Mikro in einem Chor singen, weil es auch zu schwierig wäre, das in *echt* zu tun.

36 Elisabeth von Thadden, Die berührungslose Gesellschaft, C.H. Beck: München, 2018.

Dass die geplante Abschaffung von Bargeld auf die vollständige Entmündigung des souveränen Bürgers hinausläuft und dieser mithin endgültig auf sein Konsumentendasein reduziert wäre, soll nur am Rande erwähnt werden. Revolutionen, für Hannah Arendt der Inbegriff des Politischen, des Neuanfangs, sind damit unmöglich. Keiner kann unter Bedingungen des permanenten Trackings eine Revolution planen. Der nächste unwillkürliche Neuanfang (Re-volution) liegt bereits hinter uns. Wir haben ihn nicht gewollt und nicht ausgelöst, aber wir leiden schon unter seinen Folgen.

Vor allem aber werden wir darauf programmiert, keine eigenen Erfahrungen mehr zu machen. Da man im Internet kein Feuer entfachen kann, ist damit die Frage aufgeworfen, wie man mit dem digitalen *survival kit* umgeht, wenn es einmal ernst wird, zum Beispiel einfach dadurch, dass der Strom ausfällt.[37] Älteren Lesern wird die im Walt-Disney-Film *Das Dschungelbuch* vom Affenkönig King Louie vorgetragene Frage noch in den Ohren klingen: »Verrat mir das Geheimnis des Feuers …« Die Entdeckung des Feuers war einer der entscheidenden *milestones* der menschlichen Entwicklung.

37 Dazu das als Thriller verfasste Buch »Blackout« von Marc Elsberg, der anschaulich darstellt, dass bei nur etwa vier Tagen ohne Strom in Europa eine Art Zusammenbruch der Zivilisation, wie wir sie kennen, zu erwarten sei, etwa Plünderungen, Morde etc.

Der so durch und durch infantilisierte und entmündigte Mensch, der schon bei jedem Serverausfall den Kontakt zu seinem digitalen Selbst verliert und in Panik gerät, weil sich die personale Identität in fremdgespeicherte Aufzeichnungen verlagert hat, kann auf die nächste Frage von Kant, *Was ist der Mensch?,* nicht mehr viel antworten. War es das Projekt der ersten Aufklärung, ein anderer, mündiger, autonomer, souveräner, emanzipierter Mensch zu werden, *wenn* und *weil* ich begriffen habe, dass es *Gott* nicht gibt, dann geht es in der »posthumen Kondition« unter digitalen Bedingungen darum zu begreifen, dass es mich, dass es ein *Ich* an sich nicht gibt: Die Menschen werden dem Wissen übereignet. Politik und Demokratie machen dann keinen Sinn mehr. Es gibt nirgendwo mehr ein Ich, das durch Erfahrungen eine eigene Persönlichkeit entwickelt und seine Wahrheiten oder Ideale politisch durchsetzen will. Jeder greift, im Gegenteil, auf alle je gemachten Erfahrungen zurück und erzeugt seine ich-ähnlichen Differenzierungen mittels Auswahlalgorithmen. Der Mensch ist dann ein Teilspeicher des Gesamtspeichers, ein neuer *Homo Deus*, wie Yuval Harari es schon beschrieben hat. Er diffundiert in eine schwer fassbare Entität hinein, in ein vielleicht beglückendes Wir, das ohne Ichs auskommt. Damit entsteht, Ironie der Geschichte, ein echter kollektiver Souverän, und kein bloß metaphorischer mehr wie in der parlamentarischen Demokratie. Vielleicht wäre es die erste, wirklich egalisierende Basisdemokratie der Welt, ähnlich Kryptowährungen wie etwa Bitcoin, wo jedes Teilchen alle Informationen abgespeichert hat und keiner alleine Macht hat. Im glücklichen Fall wäre das die digitale Variante von Rousseaus *volonté générale*. Im schlimmsten Fall ein Totalitarismus der neuen Art, eben nicht mehr der klassische Tyrann welcher Form auch immer (Louis XIV, Hitler oder Stalin), sondern im Sartre'schen Sinne *die Hölle der anderen*. Keiner kann mehr allein, aber nicht dabei sein ist auch keine Lösung: Die Auslöschung der eigenen Person im Internet ist der eigentliche Tod. Die modernisierte Hölle ist uns sicher; sie ersetzt den Silberstreifen am Horizont, der einst den Himmel bedeutete.

Und schließlich fragte Kant: *Was darf ich hoffen?*

Vielleicht sollten wir hoffen, dass jemand noch rechtzeitig den Stecker zieht, allein um noch ein bisschen Zeit zum Nachdenken zu gewinnen? Und dass die UNO die Idee, Meditation weltweit als Schulfach einzurichten, zügig umsetzen kann? Oder einfach, dass wir uns wieder darauf besinnen, dass die menschlichste aller menschlichen Eigenschaften ist, an Wunder zu glauben …

Schlussfolgerungen

»Freiheit ist die Einsicht in die Notwendigkeit.«
FRIEDRICH HEGEL

Welche Schlussfolgerungen, wenn überhaupt, möchte man aus diesen Betrachtungen ziehen, und zwar in einer Weise, die deutlich macht, dass die Kontingenz der Geschichte und das Schicksal der Aufklärung noch nicht entschieden sind? Wie die Wechselwirkungen zwischen den beiden neuartigen anthropologischen Konditionen, der Klimakatastrophe und der Digitalisierung ausloten, die sich, im Guten wie im Schlechten, gegenseitig befördern oder behindern können?

Ad I.:

Der große liberale Denker Raymond Aron konnte 1962 seine *Theorie über Krieg und Frieden unter thermonuklearen Bedingungen*, gemeint war die Atombombe als neue anthropologische Kondition, noch mit dem vehementen Hinweis darauf beenden, dass die Menschheit jetzt umso mehr von der Fähigkeit des *Politischen*, also der Kunst großer Staatsmänner abhinge, solchen, die in der Lage wären, das nukleare Patt so zu verhandeln, dass es nicht zu einem Atomkrieg kommt. Für das 20. Jahrhundert kann man cum grano salis behaupten, dass dies, trotz kleiner Schrecksekunden (Kubakrise) und Zwischenfällen, im Wesentlichen gelungen ist. Und man darf hoffen, dass Donald Trumps wiederkehrende Entgleisungen, das atomare Armdrücken mit Nordkorea wiederaufzunehmen, von der internationalen Staatengemeinschaft eingehegt werden können. Friedrich Dürrenmatt hatte in seiner literarischen Verarbeitung die Physiker ob ihres atomaren Fehlgriffs schon ins Irrenhaus gesetzt: Ein Haus (!) reichte, um die Verursacher des Malus des letzten Jahrhunderts gleichsam festzusetzen. Heute aber geht es nicht mehr um ein Haus und schon gar nicht um die Überantwortung des Geschehens an »fähige Politiker«, da immer deutlicher wird, wie überfordert die Politik ist.

Beides, die klimatologische Katastrophe wie auch das Internet als neue anthropologische Kondition, betreffen nicht nur *alle* Menschen, alle haben auch zu allem Zugang. Es geht nicht mehr um die Staatskunst einiger Politiker, sondern es geht um das ökologische Verhalten (Klima) und die Nutzungsbedingungen des neuen menschlichen Lieblingsspielzeugs (Internet) im globalen Maßstab. Im Dürrenmatt'schen Sinne ist damit die ganze Welt gleichsam ein Irrenhaus geworden. Liberaldemokratisch dürfte dies nicht aufzulösen sein. Es geht letztlich um die Neubestimmung eines modernen Freiheitsbegriffs, in dem das augenblickliche *anything goes* herausgefordert wird, sich der Würde der Menschheit zu widmen und ihr letztlich unterzuordnen.

Aus dem dem Spannungsfeld zwischen Aufklärung und Apokalypse, aus der inzwischen fast systemischen Unvernunft des real existierenden Kapitalismus, ergibt sich zwangsläufig die Notwendigkeit eines neuen Nachdenkens über eine politische Kultur der Selbstbegrenzung. Die liberale Lähmung der Gegenwart ergibt sich daraus, dass mit *Fridays for Future* vorgeführt wird, was ein anspruchsvoller Begriff von Freiheit bedeuten könnte: nämlich eine Freiheit, die ein *Ziel* hat (in Anlehnung an Isaiah Berlins »Freiheit zu«[38]), und zwar mehr denn je das Ziel nicht nur eines lebenswerten, sondern eines *würdevollen* Lebens für die gesamte Menschheit, selbst wenn dieses mit Einschränkungen verbunden ist. Freiheit ist bei heutigen Liberalen längst zum leeren Signifikanten geworden. Wer aber keinen Begriff des Politischen mehr hat, der nicht vom Ökonomischen durchzogen ist, wer keinen kollektiven Gestaltungswillen mehr hat, weil das schon zu viel der Regulierung, des Zwangs oder des Verzichts bedeutet, wer Lösungen nur in der Technik und nicht in der »organischen Solidarität« (Émile Durkheim) des Gemeinwesens sucht, der verwirkt die Aufklärung. Was die ökologische Bewegung weltweit artikuliert, ist eben keine Umerziehung, sondern, ganz im Gegenteil, Ausdruck ihrer *aufgeklärten* Autonomie und einer neuen, positiv besetzten Akzeptanz von Verboten des

38 Isaiah Berlin, Freiheit. Vier Versuche. Fischer Taschenbuch: Frankfurt am Main, 2006.

Gefährlichen und vom Verzicht auf das Überflüssige. *Fridays for Future* und *Extinction Rebellion* symbolisieren einen Freiheitswillen, der sich nicht in eine präformierte Lebensform zwingen lassen will, die nicht nur ausbeuterisch Ressourcen vernichtet, sondern die schlicht dysfunktional und nicht überlebensfähig ist.

Ad II.

Niemand vermag zu sagen, wo die Bürger-Konsumenten-Spaltung hinführen wird. Sollte es wirklich möglich sein, dass es keine Brüche mit dem Alten, keine »Schocks des Neuen« mehr geben wird? Und dass Konsumbefriedigung das oberste aller globalen, gesellschaftlichen Ziele ist und bleibt? Dass gestalterische Politik durch bloße *Versorgung* ersetzt wird? Wie lange kann eine Kultur, auch eine kapitalistische Kultur, ohne etwas Neues überleben, ohne in der »Mühe der Ebene« zusammenzusacken, allein schon aus schierer Anspruchslosigkeit heraus? Die Erfindung des liberalen, individualistischen Privatismus mithilfe der Abwehrrechte gegen den staatlichen Zugriff kann indes für sich in Anspruch nehmen, dass die Privaten, die Konsumenten, eben nicht einfältige Opfer sind. Sie sind vielmehr selbstsüchtige Täter, die sich inzwischen zu langen Zügen von menschlichen Lemmingen zusammengerottet haben. Das ist das ewige Missverständnis aller Sozialismen. Dennoch ist Axel Honneth zuzustimmen, der in seinem Buch *Die Idee des Sozialismus. Versuch einer*

Aktualisierung die These vertritt, im 21. Jahrhundert müsse versucht werden, Demokratie und Sozialismus neu zu verknüpfen. Die eigentliche Frage ist, ob dieses politische Denkangebot unter digitalen Bedingungen, die letztlich für die Neutralisierung jeder Kritik sorgen, überhaupt noch diskutiert werden kann und wenn ja, in welchem globalen Maßstab, mit welcher perspektivischen Weltregierung und mit welcher Legitimität?

Egal ob als Bürger oder als (manipulierter) Konsument: Die politische Theorie ist dabei, den Begriff der Souveränität ganz neu aufzurollen[39] beziehungsweise den Anspruch auf »Souveränität« zu kritisieren. Denn in der Ära der »posthumen Kondition« ist niemand mehr *souverän*, im Gegenteil, der Anspruch auf Souveränität verstellt den Weg zur Freiheit. Dabei kann erneut Hannah Arendt helfen, die schon in den fünfziger Jahren formulierte: »The famous sovereignty of political bodies has always been an illusion, which, moreover, can be maintained only by the instruments of violence, that is, with essentially nonpolitical means. (…) If men wish to be free, it is precisely sovereignty they must renounce.«[40]

39 Daniel Loick nimmt in seinem Buch eine umfassende Kritik des modernen Souveränitätsbegriffes vor: Daniel Loick, Kritik der Souveränität, Institut für Sozialforschung, Beiträge zur Soziologie und Sozialphilosophie, Frankfurt am Main: Campus, 2012.

40 Hannah Arendt, »What is freedom?«, in: Between Past and

Dieser Satz allein beinhaltet ein ganzes Forschungsprogramm für die politische Theorie und die *Humanities* im 21. Jahrhundert, nämlich sich eine Welt ohne Nationalstaaten und Grenzen, und stattdessen die legitimierte und selbststeuerungsfähige Organisation einer globalen Allmende vorzustellen.

Ad. III.

So weit, so gut. Doch beides – eine neue (hoffentlich freiwillig hervorgebrachte) globale Kultur der Selbstbegrenzung sowie der Verzicht auf Souveränität – wird unter digitalisierten Bedingungen der kybernetischen Steuerung stattfinden müssen: Wo Gott und seine *Ver-* beziehungsweise *Ge*bote durch die erste Aufklärung moralisch verschlissen wurden und die Vernunft als Ausdruck des Kant'schen Gewissens versagt hat, mag deshalb die selbst gewählte Kontrolle im *Überwachungskapitalismus*[41], also der Eintausch von Freiheit gegen Online-Präsenz, der eigentliche Faktor sein, der der Entwicklung eines neuen Freiheitsbegriffs, der eben auf Selbstbegrenzung und der Aufgabe von Souveränität beruht, entgegenwirkt. Bei Hannah Arendt ist die Aufgabe von willkürlicher Souveränität ein autonomer

Future. Eight exercises in Political Thought, New York: Penguin Classics 2006, S. 163 (zitiert nach Heuer, Op. cit., S. 17).

41 Shoshana Zuboff, Überwachungskapitalismus, Campus: Frankfurt am Main, 2019.

Akt zugunsten der Freiheit, kein technologisch erzwungener beziehungsweise kontrollierter Akt vorauseilenden, kollektiven Gehorsams in Form von Unterwerfung unter Normierung. Hierin liegt möglicherweise der zentrale Unterschied, der bedeuten würde, dass eine wieder *aufgeklärte* oder zumindest abgeklärte Menschheit vielleicht die Klimaapokalypse abwenden könnte; eine total durchdigitalisierte Gesellschaft hingegen nicht, weil sie sich nicht mehr wehren kann, also zu einem Akt der Freiheit gar nicht mehr in der Lage ist.

Wo alles registriert wird, ist nichts mehr flüchtig, es gibt kein *versehentlich* mehr, kein *ich-habe-mich-vertan*, oder *ich-habe-es-nicht-so-gemeint*, oder: *das war damals: heute sehe ich das anders*. Die Klugheit des Menschen, durch Denken seine Meinung oder Haltung zu ändern, wird unterminiert. Kurz: Lernen wird unmöglich gemacht. Alles Getane und Gesagte ist immer da und wird gleichsam totalitär, insofern es kein *Vergessen* mehr gibt. Es bedarf dann auch keines Gewissens mehr als »Operationsort für moralische Sätze«.[42] Die *moral scrutiny* übernehmen die Datenspuren, wie China es bereits vormacht. Ausbruchversuche sind zwecklos, denn die Höchststrafe für Menschen wird der Ausschluss aus dem digitalen System: Schlimmer als *moral scrutiny* ist keine Teilnahme am *social scoring*,

42 Hannah Arendt, Über das Böse, S. 68 (zit. nach Redecker, Op. cit., S. 51).

weil man dann kein Element des Sozialen, der sozialen Gruppe mehr ist. Staatliche Einheiten, sofern sie nicht längst von kommerziellen digitalen Riesen übernommen wurden, wie die romaneske Persiflage *The Circle* es bereits vorgedacht hat, werden Ahndungsfähigkeiten haben, von denen ein rein gewissensbasiertes Moralsystem nur träumen konnte. Jeder Onlinezugang kann zukünftig mit digitalen Schlössern verriegelt werden, die auf unveränderliche Individualcodes programmiert sind. Wer aus irgendeinem Grund den Pfad des Erlaubten verlassen hat (wie immer dieser definiert ist), wird mit der Abdrängung ins digitale Nichts bestraft. Der moralische Imperativ lautet dann in Abwandlung von Kant: »Handle so, dass sich durch dein jetziges Tun nicht die Türen zu künftigem Tun verschließen. Sei immer gehorsam und normiere dich, egal, was dir gesagt oder aufgegeben wird.« (Florian F. Weyh) Anders formuliert: Hannah Arendts »Banalität des Bösen« wird zur gesellschaftlichen Norm, weil der GAFA-Komplex es so will oder einfach weil es *alle machen*. Die Freiheit, sich regelwidrig zu verhalten, ist verschwunden, weil die Sozialpsychologie digital gesteuert wird. In Erweiterung von Paul Watzlawicks berühmten Diktum »Man kann nicht nicht kommunizieren« müsste man dann formulieren: Man kann nicht nicht mehr gehorchen – und eigentlich auch nichts mehr entscheiden. Damit aber wäre genau jene Einsicht in die Notwendigkeit, also die Möglichkeit für eine freiwillige Kultur der

Selbstbegrenzung (ad I.) und eine autonome Souveränitätsabgabe (ad II.) zugunsten der Freiheit *aller* gerade nicht mehr gegeben.

Und so muss am Ende die Befürchtung stehen, dass die Menschen möglicherweise über die zunehmend totalitär anmutende, algorithmische Zementierung der Vergangenheit erstens ihre strukturelle Neu-Denkfähigkeit verlieren und damit Hannah Arendts Vorstellung von Gebürtigkeit, nämlich dass mit jedem neuen Menschen prinzipiell ein neuer Gedanke in die Welt kommen kann; und zweitens, dass sie unter digitalen Bedingungen die zivilisatorische Fähigkeit des Ungehorsams verlieren, denn die datengetriebene *moral scrutiny* ist ein machtvoller Mechanismus der »Neutralisierung der Kritik«[43]. Darum muss, drittens, die Sorge geäußert werden, dass den Menschen zunehmend die Fähigkeit, gar die Hoffnung abhandenkommen könnte, ein Stückchen Himmel zu ergattern.

Selten hat die Welt wohl so sehr (und so lange) auf eine Revolution gewartet, die das toxische Gedankengut eines vermeintlich notwendigerweise kapitalistischen Gangs der Weltgeschichte in seiner unweigerlich determinierten Kontingenz sprengt und die Welt frei macht für eine *Novus ordo saeculorum*. Es bleibt zu hoffen, dass diese Revolution, sollte sie wider Erwarten doch noch kommen, friedlich verlaufen wird.

43 Marina Garcés, Op. cit., S. 79 ff.

Literatur zum Weiterlesen

Theodor W. Adorno/Max Horkheimer, Dialektik der Aufklärung. Philosophische Fragmente, Frankfurt am Main: Fischer Taschenbuch Verlag, 2017 (23. Aufl.)

Johannes Agnoli, Die Transformation der Demokratie und verwandte Schriften, Hamburg: Konkret Literatur Verlag, 2012 (2. Aufl.)

Hannah Arendt, Über die Revolution, München: Piper, 2014 (4. Aufl.)

Hannah Arendt, Die Freiheit, frei zu sein, München: dtv, 2018

Hannah Arendt/Günther Anders, Schreib doch mal »hard facts« über Dich. Briefe 1939 bis 1975, herausgegeben von Kerstin Putz, München: C.H. Beck, 2016

Raymond Aron, Frieden und Krieg. Eine Theorie der Staatenwelt. Frankfurt am Main: S. Fischer, 1963

Alain Badiou, Wider den globalen Kapitalismus. Für ein neues Denken in der Politik nach den Morden von Paris, Berlin: Ullstein, 2016

Étienne Balibar, Gleichfreiheit. Politische Essays, Berlin, Suhrkamp, 2012

Karina Becker/Hanna Ketterer, Was stimmt nicht mit der Demokratie? Eine Debatte mit Klaus Dörre, Nancy Fraser, Stephan Lessenich und Hartmut Rosa, Frankfurt am Main: Suhrkamp, 2019

Isaiah Berlin, Freiheit. Vier Versuche, Fischer Taschenbuch: Frankfurt am Main, 2006

Ernst Bloch, Das Prinzip Hoffnung, Berlin: Suhrkamp Taschenbuch 1985

Loïc Blondiaux, Le nouvel ésprit de la démocratie. Actualité de la démocratie participative, Paris: Seuil, 2008

Ingolfur Blühdorn, Simulative Demokratie. Neue Politik nach der postdemokratischen Wende, Berlin: edition suhrkamp, 2013

Mark Fisher, kapitalistischer realismus ohne alternative? eine flugschrift, Hamburg: VSA, 2013

Michel Foucault, Was ist Aufklärung? Neuabdruck in: Helmut Reinalter, Ist die Aufklärung noch ein tragfähiges Prinzip? Wiener Vorlesungen, Wien: Picus, 1997
Marina Garcés, Neue radikale Aufklärung, Wien: Turia & Kant, 2019
Marcel Gauchet, La démocratie contre elle-même, Paris: Gallimard, 2002
Johann Wolfgang von Goethe, Wilhelm Meisters Wanderjahre, 1821
Ninon Grangé, Oublier la guerre civile? Stasis, chronique d'une disparition, Paris: VRIN/EHESS/Collection Contextes, 2015
Byung-Chul Han, Duft der Zeit. Ein philosophischer Essay zur Kunst des Verweilens, Bielfeld: transcript, 2009
Yuval Noah Harari, Homo Deus. Eine Geschichte von Morgen, München: C.H. Beck, 2017
Michael Hardt/Antonio Negri, Multitude. Krieg und Demokratie im Empire, München: Campus, 2004
Wolfgang Heuer, Föderationen – Hannah Arendts politische Grammatik des Gründens, Leinebögen 5, Hannover, 2016
Axel Honneth, Die Idee des Sozialismus. Versuch einer Aktualisierung, Frankfurt am Main: Suhrkamp, 2017
Immanuel Kant, Was ist Aufklärung? Text von 1784, als PDF auf rosalux.de: UTOPIE kreativ, Heft 159 (Januar 2004), S. 5–10
Peter Graf Kielmansegg, Muss die Demokratie durch eine »Ökodiktatur« ersetzt werden?, in: FAZ, S. 6, 16. September 2019
Cornelia Koppetsch, Die Gesellschaft des Zorns. Rechtspopulismus im globalen Zeitalter, Bielefeld: transcript, 2019
Benjamin Kunkel: Utopie oder Untergang. Ein Wegweiser für die gegenwärtige Krise, Berlin: edition suhrkamp, 2014
Daniel Loick, Kritik der Souveränität, Institut für Sozialforschung, Frankfurter Beiträge zur Soziologie und Sozialphilosophie, Frankfurt am Main: Campus, 2012
Pankaij Mishra, Books Beyond Capitalism, in: Books that Challenge the Consensus on Capitalism. Ideas once dismissed, December 24, 2018, Bloomberg
Thomas Piketty, Capital et idéologie, Paris: Seuil, 2019
Jacques Rancière, Demokratie und Postdemokratie, in: ders.

und Alain Badiou, Politik der Wahrheit, Wien: Turia & Kant, 1996, S. 119–156
Eva von Redecker, Gravitation zum Guten. Hannah Arendts Moralphilosophie, Berlin: Lukas Verlag, 2013
Helmut Reinalter, Ist die Aufklärung noch ein tragfähiges Prinzip? Wiener Vorlesungen, Wien: Picus, 1997
Hartmut Rosa, Unverfügbarkeit, Wien: Residenz, 2019
Jean-Jacques Rousseau, Vom Gesellschaftsvertrag oder Grundsätze des Staatsrechts, Stuttgart: Reclam, 2011
Carlo Ruzza, Identifying Uncivil Society in Europe: Towards a »New Politics of the Enemy«?, in: Ulrike Liebert und Hans Georg Trenz, The New Politics of European Civil Society, London: Routledge, 2011
David Van Reybrouck, Gegen Wahlen. Warum Abstimmen nicht demokratisch ist, Göttingen: Wallstein, 2016
Elisabeth von Thadden, Die berührungslose Gesellschaft, C.H. Beck: München, 2018
Simone Weil, Anmerkung zur generellen Abschaffung der politischen Parteien, Zürich: Diaphanes, 2009
Florian Felix Weyh, DigiKant oder: Vier Fragen, frisch gestellt, in: Deutschlandfunk-Audiofile, Essay & Diskurs, Neuausstrahlung, 8. September 2019
Fareed Zakaria, Das Ende der Freiheit? Wieviel Demokratie verträgt der Mensch? München: dtv, 2007
Danilo Zolo, Die demokratische Fürstenherrschaft. Für eine realistische Theorie der Politik, Göttingen: Steidl 1997
Shoshana Zuboff, Das Zeitalter des Überwachungskapitalismus, Frankfurt am Main: Campus, 2018

Die Autorin

Ulrike Guérot studierte Politikwissenschaft in Münster, ist Gründerin und seit 2014 Direktorin des European Democracy Lab Berlin und seit 2016 Professorin und Leiterin des Departement für Europapolitik und Demokratieforschung an der Donau-Universität Krems. Zuvor arbeitete Ulrike Guérot in verschiedenen europapolitischen Thinktanks in Berlin, Washington, Brüssel, Paris und London und unterrichtete an verschiedenen Universitäten, darunter The Paul H. Nitze School of Advanced International Studies in Washington, D.C., die Bucerius Law School in Hamburg und die Europa-Universität Viadrina in Frankfurt an der Oder. 2016 wurde ihr Buch »Warum Europa eine Republik werden muss!« ein Bestseller. Seither erschienen mehrere Bücher, darunter 2019 ihre jüngsten Essays »Wie hältst du's mit Europa?« sowie »Was ist die Nation?« (Steidl). 2003 wurde sie mit dem französischen Verdienstorden »Ordre national du Mérite« ausgezeichnet, 2019 erhielt sie den Paul Watzlawick Ehrenring der Wiener Ärztekammer sowie den Salzburger Landespreis für Zukunftsforschung.